Chantal de Truchis

Wie Ihr Baby Vertrauen gewinnt – zu sich selbst und in die Welt

Aus dem Französischen von
Daniela Pichler-Bogner

Herder
Freiburg · Basel · Wien

Titel der Originalausgabe:
L'Éveil de votre enfant
© Editions Albin Michel, S. A. – Paris 1996

Gedruckt auf umweltfreundlichem,
chlorfrei gebleichtem Papier

Alle Rechte vorbehalten – Printed in Germany
© Verlag Herder Freiburg im Breisgau 1997
Herstellung: Freiburger Graphische Betriebe 1997
ISBN 3-451-26282-7

Inhalt

Vorwort

Der Name *Emmi Pikler* (1902–1984) steht für einen Bewußtseinswandel in der Kleinkindpädagogik – für ein achtsames Miteinander von Geburt an.

Von Fachleuten im Westen bis in die 70er Jahre kaum bemerkt, hat sich in dem Säuglingsheim Lóczy von Emmi Pikler in Budapest eine Oase der Menschlichkeit entwickelt, die für viele offene Fragen des Säuglings- und Kleinkindalters überraschend neue und bis ins praktische Detail gehende Antworten anbietet. Es liegt an uns, sie aufzugreifen und danach handelnd ihre Wahrheit zu bestätigen.

Auf diesem Wege ist das vorliegende Buch *von Chantal de Truchis-Leneveu* auf seine Weise ein lebendiger Ausdruck von der Wirkung Emmi Piklers und ihrer Mitarbeiter in Frankreich.

Da mein Sohn vor vielen Jahren im Ausland, als wir dort noch kaum Fuß gefaßt hatten, geboren wurde, habe ich die Unsicherheit einer jungen Mutter intensiv erlebt. Während der Schwangerschaft noch jugendlich unbekümmert, konnte ich mir die Schwierigkeiten im Zusammenleben mit einem kleinen Kind gar nicht vorstellen und empfand die nachfolgende Verunsicherung im Umgang mit ihm besonders schmerzlich.

Um so hilfreicher war es 20 Jahre später, als ich ein Pflegekind betreute, Emmi Piklers Rat folgen zu können und mich aus dem Erziehungszwang, in den ich bei meinem Sohn geraten war, zu lösen. „Sie sind zu streng", hatte sie mir zur Frage des Anziehens gesagt. Wie erleichternd zu hören, ein Vierjähriger bräuchte sich nicht immer allein anzuziehen. Auch hierin wie in der Bewegungsentwicklung hat jedes Kind sein eigenes Zeitmaß. Wenn Selbständigwerden jedoch nicht mehr aus Freude geschieht, sondern als Pflicht verlangt wird, geschieht das unter dem Druck des Erziehen-Müssens, aus dem sich meist ein Gegeneinander an Stelle eines Miteinanders entwickelt.

Wie tröstlich war es auch zu erleben, daß ein sogenanntes hyperaktives Kind unter anderem durch die aufmerksame Zuwendung beim An- und Auskleiden und ein rechtzeitiges Grenzensetzen wieder dahin kam, sich fröhlich in sein Spiel zu vertiefen.

Nachholen und sich Nachentfalten ist möglich! Dazu gehört beim Kleinkind auch die still beobachtende Anwesenheit eines Erwachsenen, der sich zurücknehmen kann. Doch wie selten begegnen wir dieser Qualität. Gerade darin besteht aber der Bewußtseinswandel, das Verändern der inneren Einstellung, zu dem Emmi Pikler und – von ihrer Sichtweise inspiriert – die Autorin dieses Buches hinführen: traditionelle Verhaltensweisen infrage zu stellen, da wo sie die Eigeninitiative des Kindes nicht respektieren; wo wir unsere Erfahrungen dem Kind aufdrängen, statt seine Umgebung so zu gestalten, daß es selbst die Phänomene und Gesetzmäßigkeiten der Welt entdecken kann. Bei den Beispielen, die Chantal de Truchis schildert, wird diese selbständige Aktivität des Säuglings unmittelbar lebendig. Auch die Fotos vermitteln uns die Intensität, mit der sich das Kind seinen Unternehmungen widmet.

Der Mensch ist von Anfang an ein Abenteurer, wie *Anna Tardos*, Kinderpsychologin im Lóczy und Tochter Emmi Piklers, immer wieder betont. Sich vom Rücken auf die Seite zu drehen, ist sein erstes Abenteuer. Er verläßt eine Situation, in der er sein Gleichgewicht gefunden hat, und ohne zu ahnen, was ihn erwartet, beginnt er eine neue Lage aufzusuchen – begibt er sich aus dem Sicheren und Vertrauten ins Unbekannte. Die Autorin lenkt den Blick der Eltern auf diese Tatsache und darauf, daß die heutzutage sorgenbereitende Unruhe des Säuglings auch mit einem Mangel an Gelegenheiten zum selbständigen Erkunden zusammenhängt, solange er überwiegend als „Tragling" gesehen wird.

Mit dem Buch „*Friedliche Babys – zufriedene Mütter*" von Emmi Pikler hat der Verlag Herder 1982 den Anfang gesetzt, daß ihr Wirken in Deutschland bekannt wurde. In der Einleitung dazu wünscht sie, daß es wenigstens einigen Kindern und deren Eltern das Leben erleichtert. Diesem Wunsch möchte ich mich auch für das Buch von Chantal de Truchis anschließen.

Ute Strub
Pikler Gesellschaft, Berlin e. V.
Berlin im April 1997

Einführung

Das Genie ist die nach Belieben wiedergefundene Kindheit.

Charles Baudelaire

Seit einigen Jahren berichten die Medien immer wieder von Entdeckungen über die Fähigkeiten des Säuglings. Das Baby findet Beachtung, es ist sogar modern, sich mit ihm zu beschäftigen. Dabei hatte bereits 1930 die Budapester Kinderärztin Dr. Emmi Pikler intuitiv eine Vorstellung von der Kompetenz eines Säuglings. Sie fand diese im Laufe ihrer Hausbesuche bestätigt, wenn sie die Kinder in Gegenwart ihrer Eltern beobachtete. Vor allem bemerkte sie, daß wir mit einem Säugling wie mit einem echten Partner sprechen können und daß er in der Lage ist, seine motorischen Fähigkeiten selbst zu entwickeln, wenn wir ihm nur die Gelegenheit dazu geben. Im Jahr 1946 übernahm sie die Leitung eines Säuglingsheims. * Dadurch konnte sie ihre Erkenntnisse von der Entwicklung des Säuglings umsetzen und vertiefen: Sie konnte genau definieren, welche Bedingungen für ein harmonisches Wachstum gegeben sein müssen. In Frankreich wurde die Arbeit Emmi Piklers und ihrer Mitarbeiter von 1971 an mehr und mehr bekannt durch die Ausbildungszentren für Methoden der aktiven Erziehung ** und ab 1973 durch das Buch von Geneviève Appell und Myriam David, *Lóczy ou le maternage insolite* ***.

Ich war damals Psychologin für Kleinkinder in einer kinderärztli-

---

* Es wurde später unter dem Namen Lóczy (Loozi gesprochen) bekannt und heißt heute Emmi-Pikler-Institut.
** Centres d'entrainement aux méthodes d'éducation active (CEMA)
*** Lóczy – mütterliche Betreuung ohne Mutter, Cramer-Klett & Zeitler Verlag, München, 1995.

11

chen Praxis und in Kinderkrippen in der Umgebung von Paris. Zunächst habe ich mir mit Neugier, dann mit wachsendem Interesse die Filme aus dem Lóczy angesehen, die Schriften gelesen, bis ich schließlich selbst ins Lóczy gefahren bin. Da konnte ich nun bei den Säuglingen erstaunliche Fähigkeiten beobachten. Sie waren selbständig und mit großer Freude tätig, neue Erfahrungen und Fortschritte machte aber jedes der Kinder in seinem eigenen Rhythmus.

Ich konnte erkennen, wie wichtig es für eine harmonische Persönlichkeitsentwicklung ist, dem Kind die Möglichkeit der aktiven Selbst-Entfaltung zu gewähren.

In der Zeit der großen Entwicklungen im Bereich der Kleinkinderbetreuung (Krippen, Tagesstätten, Kinderarztpraxen) habe ich dann mit zahlreichen anderen Kleinkind-Fachleuten diese Erkenntnisse in unsere Arbeit miteinbezogen. Vielen Sorgenkindern ging es allmählich besser, zahlreiche Betreuerinnen von Säuglingen und Kleinkindern haben wieder Interesse an ihrer Arbeit gefunden. Es gab dazu Veröffentlichungen, doch waren diese meist fachlicher Natur und richteten sich kaum an Eltern.

Ich lernte, diese Säuglinge zu beobachten und versuchte, sowohl die Freude an ihrer eigenen Entwicklung zu teilen als auch ihre Traurigkeit, sogar ihren Schmerz. Ich sah, welche Fortschritte ein Kind machen konnte, wenn man ihm Vertrauen schenkte. Gleichzeitig besuchte ich mit größtem Interesse mehrere Vorlesungen von Françoise Dolto, die ihrerseits die Arbeiten Emmi Piklers sehr schätzte. Damals schenkte mir das Leben zwei kleine Jungen, die eine wunderbare Bestätigung für all das waren, was ich bisher erfahren hatte. Es wurden jedoch auch große Selbstzweifel geweckt, die mich daran erinnerten, was mir Eltern – insbesondere Mütter – im Laufe meines Berufslebens anvertraut hatten.

Die Einsicht, daß das Kind sich selbständig entwickelt und die Achtung vor dem allmählichen Reifen verbreiteten sich immer mehr unter den Fachleuten in Frankreich und anderen Ländern Europas sowie in den USA und Lateinamerika. Sie bilden die Grundlage für den Umgang mit Kindern in zahlreichen Krippen und Kindertageseinrichtungen. Vor allem Betreuerinnen von Säuglingen und Kleinkindern, aber auch Kinderärzte und Psychologen versuchen, sowohl die Eltern als auch die Auszubildenden in der Kleinkindbetreuung mit dieser Auffassung bekannt zu machen.

Ich selbst habe an dieser Aufgabe mitgearbeitet und das oft leidenschaftliche Interesse für alles geteilt, was uns die Ideen von Emmi Pikler und die Forschungsergebnisse aus dem Lóczy vermittelten. Daher wurde es mir ein Anliegen, Ihnen aufgrund meiner beruflichen wie persönlichen Erfahrungen diese Entdeckungen mitzuteilen und Möglichkeiten anzubieten, wie wir als Eltern unserem Kind konkret dabei helfen können, sich an seiner Entwicklung aktiv zu beteiligen.

Zunächst ist es eine Frage des Vertrauens in das Kind – und in Sie selbst. Aber es geht auch um ein gewisses „savoir faire" (Wissen um das Tun) und um ein „savoir être" (Wissen um das Sein). Ihr eigener Säugling wird Sie dabei anleiten. Die folgenden Ausführungen können Ihnen helfen, differenzierter wahrzunehmen und sich ein eigenes Urteil zu bilden. Wenn Sie Ihr Kind beobachten, werden Sie es besser verstehen und wissen, was es braucht.

Sie werden aber auch erfahren, daß das Leben mit einem Säugling von Erschöpfung, Unsicherheiten, ja auch Ängsten begleitet ist. „Das Lebendige funktioniert weit entfernt vom Gleichgewicht", sagte der Biologie-Nobelpreisträger Ilja Prigogine. Das Wachstum eines Kindes verläuft immer in Schüben, auch das Leben eines Erwachsenen ist niemals ideal und ohne Schwierigkeiten. Ein Kind bringt immer grundlegende Veränderungen für das Leben der Eltern mit sich. Es werden tief verwurzelte, uralte, meist unbewußte und manchmal ganz unerwartete Gefühle geweckt. Schwierigkeiten tauchen unvermeidlich auf, ob sie nun vom Kind oder von einem selbst, vom Partner oder von der Umgebung ausgehen. Es gibt zwangsläufig schmerzliche Augenblicke – unruhige und vielleicht auch enttäuschende – so ist es nun einmal im Leben.

Trotzdem trägt jeder Mensch die Möglichkeit in sich, Vater oder Mutter zu werden. Lassen Sie sich nicht von all den Spezialisten einschüchtern, von denen in den Medien berichtet wird, und glauben Sie nicht, daß Fachleute es besser machen als Sie. Vertrauen Sie auf sich! Die ersten Lebensjahre sind wichtig für das Kind, aber auch für seine Eltern. Sie werden andere, Ihnen vielleicht bisher unbekannte Facetten Ihrer Persönlichkeit entdecken: Liebe, Zärtlichkeit, Aufmerksamkeit, Verantwortlichkeit und andere beschützende Gefühle, die man einem so kleinen Menschen entgegenbringt. Ihr Kind wird Sie schon zu seinen Eltern machen. Sie werden aber auch viel Freude mit ihm haben, und diese Freude schenkt Ihnen neue Kraft.

Das vorliegende Buch hat die Spontaneität, die Einfachheit und auch die Grenzen eines Gesprächs. Es wäre gut, es vor der Geburt Ihres Kindes zu lesen, denn dann könnten Sie sich rechtzeitig mit diesen Gedanken vertraut machen und darüber sprechen. Sie können es auch in der Familie lesen, zur Vorbereitung Ihrer Kinder auf das neue Geschwisterchen und darauf, in welcher Weise sie sich um dieses kümmern können. Das Buch kann wieder und wieder gelesen werden, besonders in schwierigen Zeiten!

Ich mache mir immer wieder bewußt, in wie vielen verschiedenen Situationen Kinder heutzutage aufwachsen:
– zu Hause, mit einer Mutter, die zur Zeit ihren Beruf nicht ausübt und damit vielleicht zufrieden ist oder sich unglücklich fühlt, oft auch abwechselnd beides;
– in der Krippe, bei einer Tagesmutter oder zuhause unter der Obhut einer Großmutter oder einer fremden Person, während die Eltern arbeiten; möglicherweise sind sie zufrieden mit der Situation, es kann aber auch sein, daß sie darunter leiden;
– es gibt das Einzelkind und das von Geschwistern umgebene Kind;
– es gibt isoliert lebende Familien und solche, wo ständig etwas los ist;
– die Großeltern können jung sein oder alt; in der Nähe leben oder weit entfernt sein;
Außerdem gibt es so viele verschiedene Kinder:
– das eine ist lebhaft, schnell und immer in Bewegung, das andere ist konzentriert, langsamer und mehr in sich gekehrt;
– das eine ist kräftig und bei guter Gesundheit, ein anderes ist schwächer und ermüdet leichter;
– einige haben in ihrem kurzen Leben bereits schwierige Zeiten durchlebt: Frühgeburt, Krankheit, Krankenhausaufenthalt oder Trennung von ihren Eltern.
Und schließlich gibt es sehr unterschiedliche Eltern, je nach der Erziehung, die sie erhalten haben und ihrer eigenen Geschichte, je nachdem, ob die Sichtweisen der Partner miteinander übereinstimmen oder sich stark voneinander unterscheiden.
Manchen von Ihnen wird der Geist dieses Buches selbstverständlich vorkommen, sie werden darin eine Bestätigung finden und konkrete Hinweise zur Umsetzung dessen, wovon sie bereits überzeugt sind. Andere werden erstaunt und sogar verunsichert sein bei dem

Gedanken, daß es nicht notwendig sein soll, ihr Kind anzuregen, zu fördern oder zu stimulieren. Sie werden sich nur mühsam lösen können von der Idee, die Entwicklung beschleunigen zu müssen und vom Wettbewerbsdenken. Manche räumen sehr bewußt oder auch unbewußt der Autorität einen hohen Stellenwert ein. Wieder andere denken: *„Es wird sich zeigen, sie sind ja noch so klein!"* Manche Eltern sind von Natur aus vertrauensvoll, andere eher ängstlich. Die materielle, berufliche, finanzielle Lage und die Wohnsituation haben ebenfalls einen großen Einfluß auf den Umgang mit Kindern.

Es sprechen also zahlreiche Gründe gegen eine Schematisierung im Sinne einer unfehlbaren Methode. Wir sollten eher lernen, zuzuhören, wahrzunehmen und dann – mit gewissen Kenntnissen – dem Weg folgen, den uns das jeweilige Kind weist. Wir wissen nun, daß es über eine Lebensenergie verfügt, durch die es sich auf seine Weise entfaltet.

Im vorliegenden ersten Band wird uns vor allem *ein* Aspekt des kindlichen Lebens bewußt: wie das Kind in einer aufmerksamen und zärtlichen Beziehung zum Erwachsenen, der jedoch bereits die Tatsache respektiert, daß es eine eigenständige Person ist, sich selbst, seinen Körper und all seine Möglichkeiten entdeckt.

Dies deckt aber nicht alle Bereiche des kindlichen Lebens ab wie z. B. das schon sehr starke Gefühlsleben des Kindes, das wir genauso berücksichtigen müssen.

Schon in den ersten Lebensmonaten und dann immer öfter werden Sie dem kindlichen Widerstand, Verweigerungen, manchmal auch Zornausbrüchen begegnen, was die Liebe Ihres Kindes zu Ihnen nicht schmälert. Sie werden sogar feststellen, daß Ihre sichere Bestimmtheit in solchen Situationen es beruhigen wird und Sie ihm dadurch helfen, Vertrauen in sich selbst, in Sie und in die Welt aufzubauen.

Das Kind wird bei der Erkundung seiner Umgebung auf deren Reichtümer, Gefahren und Grenzen stoßen. Dabei wird es auch mit den Gesetzen des menschlichen Zusammenlebens konfrontiert werden. All das wird Thema des **zweiten Bandes** sein.

1. Kapitel

Einen Säugling entdecken

Viele Mütter werden mit Erstaunen erfahren, wie lebendig sich ein Säugling schon bis zum Alter von 18 Monaten ausdrücken kann, wenn er nicht nach den Prinzipien, was er tun und was er nicht tun darf, erzogen wurde, sondern wenn ihm ermöglicht wird, das zu tun, was er mag, d.h. wenn er auch mit Schwierigkeiten spielen kann. Nur indem das Kind seine Möglichkeiten immer wieder ausprobiert, wird aus ihm eine gesunde Persönlichkeit, der man später etwas zumuten kann, worauf es bereitwillig eingehen wird, aus Freude an einem besseren Lebensgefühl.

Zusammenfassung eines Vortrags, den Dr. Françoise Dolto 1949 an der Elternschule (Ecole des parents) gehalten hat. Sie erwähnt darin das bemerkenswerte Buch von Dr. Emmi Pikler, das sie gerade entdeckt hat (*Que sait faire votre Bébé?*, La Bibliotheque française, 1948)*.

In meinem Buch geht es zwar allgemein um die Entdeckung des Säuglings, aber es wird im besonderen von *Ihrem* Säugling die Rede sein.

Zunächst berichte ich vom Stand der aktuellen Entdeckungen, über die sich alle Welt einig ist. Anschließend zeige ich, was die Forschungen des Emmi Pikler-Instituts in Budapest dazu beigetragen haben, und dann werde ich dieses Kapitel mit einigen Bemerkungen über die Freude des Säuglings und die der Eltern abschließen.

Jüngste Erkenntnisse über den Säugling

Alle neueren Studien stimmen darin überein, daß der Säugling als eigenständige Persönlichkeit gesehen werden muß. Vom Tag seiner Geburt an – vielleicht auch schon vorher – versucht er aktiv, ein Bewußtsein von sich selbst und seiner Umgebung zu erlangen.

---

* Friedliche Babys – zufriedene Mütter, Verlag Herder, Freiburg 1982

Das bedeutet vor allem, den Unterschied wahrzunehmen:
- zwischen sich selbst und einer anderen Person: Mutter, Vater oder andere;
- zwischen sich selbst und der Umgebung, seinem Bett, den Gegenständen.

Machen Sie sich klar, daß ein Säugling von wenigen Wochen keinen Unterschied macht zwischen seinem Körper, seinen Armen, seinen Beinen und seinem Bett, zwischen sich selbst und dem Teddybär, den Sie ihm vielleicht immer an seine Seite legen, und daß er auch nicht zwischen sich selbst und Ihnen unterscheidet. Die regelmäßige Wiederkehr der Empfindungen, der Bewegungen, der Gerüche, der Worte wird es ihm nach und nach ermöglichen, eine Aufeinanderfolge zu bemerken und dann zu unterscheiden, was von ihm selbst kommt und was auftaucht, ohne daß er etwas davon in seinem Körper spürt, was also nicht von ihm kommt. Diese Entwicklung geschieht nicht von selbst wie das körperliche Wachstum oder die Verdauung. Von Anfang an ist ein Kind aktiv mit zunehmendem Bewußtsein daran beteiligt.

Daniel kam vor einer halben Stunde auf die Welt, die Krankenschwester pflegt ihn geschäftig bei heller Beleuchtung. Er weint und krümmt sich zusammen. Als sie in einer etwas dunkleren Ecke mit ihm auf dem Arm stehen bleibt, um sich mit einer Kollegin zu unterhalten, sieht der Vater, der hinter der Glasscheibe zuschaut, wie Daniel sich entspannt, ein Augenlid öffnet und für einige Sekunden aufhört, sich zu bewegen, „als ob er rasch erkunden wolle, wo er ist …"

Schon ein junger Säugling versucht, die neue Welt, in der er sich befindet, zu begreifen. Sie werden sehen, daß er im Lauf der ersten drei oder vier Monate immer wieder die Hand vor seinem Gesicht bewegt. Es handelt sich dabei nicht um zufällige und zusammenhanglose Bewegungen. Vielmehr sucht das Kind immer wieder nach einem bestimmten Erlebnis, von dem wir Erwachsenen wissen, daß es das Wahrnehmen der Armbewegung ist, sowie nach einer anderen Erfahrung, von der wir wissen, daß sie das Bild seiner Hand ist, die sich vor den Augen bewegt.

Der Säugling verbringt seine Zeit damit, etwas zufällig zu entdekken und dann dieses neue Element mit dem in Verbindung zu bringen, was er bereits kennt. Er probiert und übt unentwegt, und dadurch werden ihm immer neue Zusammenhänge bewußt wie z. B. der zwischen dem Bewegungsempfinden in seinem Arm und dem Bild der Hand vor seinen Augen.

Dann kommt der bewußte Akt: Das Kind wird selbst das Erlebnis, seinen Arm zu bewegen, hervorrufen und dabei sehen, wie das Bild der Hand vor seinen Augen auftaucht. Während es diese Bewegung wiederholt, wird es begreifen, daß sein Arm, der diese Erfahrung auslöst, mit ihm selbst verbunden ist, und daß das Erlebnis, die Hand vor seinen Augen zu sehen, nur von ihm selbst erzeugt werden kann.

Wenn Ihr Kind, nur wenige Monate alt, die Arme und Beine hin- und herbewegt, ist es gleichzeitig in einer gewissen Art und Weise dabei „zu denken". Es zieht ständig Nutzen und Lehren aus dem, was es erlebt.

Milliarden von seinen Gehirnzellen (Neuronen), die sozusagen noch leer sind, werden in kleinen Schritten nach und nach von einer Art Strom aktiviert (wie der Schaltkreis eines Computers). Sie behalten Spuren zurück, und jede neue Erfahrung bereichert alle vorhergehenden. Im Gehirn Ihres Säuglings spielt sich also ein bewundernswerter Vorgang ab. Er fügt jenem riesigen Puzzle, mit dessen Aufbau er begonnen hat, jedes Mal ein winziges Teil hinzu.

Ebenso viel Achtung und Bewunderung können Sie für einen Säugling haben, dem es vielleicht gelungen ist, mit jeder Hand einen kleinen Gegenstand zu ergreifen. Seine unkoordinierten Bewegungen bewirken, daß er beide gegeneinander schlägt und ein Geräusch hört. Achten Sie auf sein Erstaunen, eine gewisse Ratlosigkeit in seinem Blick, und wenn er beide Gegenstände in den Händen behalten hat, wird er, noch etwas unbeholfen, seine Arme bewegen, so als wolle er herausfinden, was da wohl geschehen ist, vielleicht auch um zu versuchen, das Geräusch noch einmal hervorzurufen.

Wenn Sie sich die Zeit gönnen, diese Bemühung wahrzunehmen und mitzuerleben, so werden Sie nicht umhin können, von dieser „Arbeit" des Kindes und der konzentrierten Aufmerksamkeit, die sich dabei offenbart, tief beeindruckt zu sein. Und Ihr Respekt seiner Tätigkeit gegenüber wird Sie davor bewahren, es hierbei zu unterbrechen.

Doch ebensowenig wie es körperliches Wachstum ohne Nahrung geben kann, wird die motorische, intellektuelle und emotionale Entwicklung ohne seelische und körperliche Geborgenheit stattfinden. Man weiß es schon lange: Der Säugling ist von Geburt an, und sogar schon vorher, ein Beziehungswesen. Er kann sich nur im Austausch mit den Erwachsenen entwickeln, und zwar im Austausch von Liebe. Dabei hat das Wort Liebe auf Eltern angewendet nicht dieselbe Bedeutung wie in bezug auf andere Personen, die sich um das Kind kümmern.

Da sich der Säugling auf diese Weise aktiv seine Wirklichkeit erschafft und nur über begrenzte Mittel verfügt, kann er nur dann einen Zusammenhang herstellen, wenn die Anzahl der Personen und der Erfahrungen ebenfalls begrenzt sind.

Françoise Dolto hat auf wundervolle Weise erklärt, wie das Kind eine Vorstellung von sich selbst und seiner eigenen Identität aufbaut, indem es sich in der Beziehung zu seinen Eltern (seien es nun die leiblichen oder nicht) in demjenigen verwurzelt, den sie die „Schutzperson" nennt. Der Einfachheit halber werde ich hier von „seiner Mutter und seinem Vater" sprechen.

Wenn das Kind nicht mit genügend Aufmerksamkeit bedacht wird oder wenn diese Beziehung – für eine kürzere oder längere Zeit – abrupt unterbrochen wird, verliert der Säugling sozusagen seinen inneren Halt. Denn es ist die Zuwendung, im allgemeinen die Liebe, die ihm seine Mutter und sein Vater entgegenbringen, womit sie ihn psychisch am Leben erhalten. Von dieser aufmerksamen Zuwendung nährt er sich gewissermaßen, so daß er allmählich innerlich gefestigt wird und damit immer unabhängiger von Vater und Mutter.

Das Entwicklungspotential des Säuglings, seine gesamte vorhandene Energie, wird also nur dann vollständig freigesetzt, wenn er sich emotional geborgen fühlt – und natürlich auch körperlich (was nicht immer selbstverständlich ist).

Es bedeutet *wirkliche* Arbeit, wenn ein Säugling auf diese Weise versucht, sich zu orientieren, seinen Platz zu finden und seine Möglichkeiten zu entwickeln. Sobald diese Arbeit für ihn zu schwierig ist, zeigt er Zeichen von Erschöpfung und Unruhe.

Ein Säugling ist empfindlich, er kann schnell unruhig und sogar ängstlich werden – nicht unbedingt immer aufgrund „der Angst der Mutter", obwohl dies ein gängiges Klischee ist, sondern weil ihm das nicht gelingt, wozu seine innere Dynamik ihn drängt: die neue Welt, in der er sich befindet, zu begreifen und seine Fähigkeiten zu entfalten. Entweder ist es zu schwierig oder die Umgebung bietet ihm zu wenig, so daß er seine Möglichkeiten nicht einbringen kann.

Man weiß mittlerweile, daß das Neugeborene in erstaunlicher Weise fähig ist, Sprache zu verstehen. Allerdings hat man noch nicht herausgefunden, auf welche Weise es – erst wenige Stunden alt – schon etwas von den Worten aufnimmt, die man zu ihm sagt.

Wenn Sie mit einem Neugeborenen sprechen und sich ihm direkt zuwenden, schaut es Sie intensiv an. Sie spüren, daß in ihm etwas versucht, zu verstehen und sich mitzuteilen.

Auch weiß man heute, daß das Verhalten eines Säuglings sich ändert, wenn man ihm mit einfachen Worten erklärt, was mit ihm geschieht. Indem wir Worte finden für das, was er gerade erlebt (dafür werden noch viele konkrete Beispiele folgen), geben wir ihm damit die Voraussetzung zu entdecken, daß Ereignisse und Gefühle einen Sinn haben, was den Anfang des Verstehens bedeutet.

Diesen neueren und allgemein anerkannten Erkenntnissen wird in dem vorliegenden Buch noch eine weitere originelle und kaum bekannte Entdeckung hinzugefügt: die Fähigkeit des Säuglings, selbständig tätig zu sein.

Die Fähigkeit zur selbständigen Aktivität beim Säugling und Kleinkind

● *Die innere Dynamik des jungen Säuglings*

Die Forschungen und Untersuchungsergebnisse, die ich Ihnen mitteilen werde, berechtigen zu folgender Feststellung: Das Kind ist nicht nur aktiv, es trägt in sich auch die Fähigkeit, aus eigenem Antrieb, die Welt zu entdecken und zu wachsen. Das heißt, es gibt eine innere Energie, die zur geistigen und bewegungsmäßigen Reife führt, genauso wie es biologische Gesetzmäßigkeiten gibt, die körperliches Wachstum nach sich ziehen. So wird Ihr Kind, sobald es nicht mehr im Bett liegt, von selbst versuchen, sich zu bewegen, zu kriechen, zu krabbeln, sich dann aufzusetzen, aufzustehen und zu gehen. Es wird täglich von selbst unzählige Erfahrungen machen, wie die oben beschriebenen, von dem Säugling, der seine Hand entdeckt oder das Geräusch von zwei Gegenständen, die er gegeneinanderschlägt.

In dieser Art kann der Säugling unentwegt zahlreiche Versuche unternehmen, wobei er immer wieder innehält, um das soeben Ausprobierte in seinen Erfahrungsschatz einzubeziehen. Er wird seine Positionen ändern, sich ausruhen, um wieder Kraft zu sammeln und dann seine Tätigkeit fortsetzen.

Man hielt es früher für notwendig, das Baby zu stimulieren, mit Gegenständen zu wedeln, ihm ausgefeiltes Spielzeug zu geben. Davon kann nicht die Rede sein! Die Forschung zeigt, daß ein Säugling – vorausgesetzt, er fühlt sich sicher und geborgen – von selbst in der Lage ist:

- seine gesamte Groß- und Feinmotorik zu entwickeln (sich aufsetzen, aufstehen, gehen, klettern, kleine Gegenstände ergreifen und vieles mehr);
- sich die gesamte Kenntnis von Personen und Gegenständen in seiner Umgebung anzueignen sowie die mit ihnen zusammenhängenden Beziehungen in Raum und Zeit kennenzulernen.

Wenn sich der Säugling, wie gesagt, geborgen fühlt, wird er aus eigenem Antrieb versuchen, seine Fähigkeiten zu entwickeln. Und wenn man ihm die Möglichkeit dazu gibt, erlangt er auf diese Weise jene erstaunliche Leichtigkeit und Autonomie, die auf seinem Selbstvertrauen beruhen.

Es wurde beobachtet, welche Auswirkungen die freie Bewegungsentwicklung für den Säugling und das Kleinkind hat. Sie ist eine wesentliche Voraussetzung für ein ausgeglichenes Gefühlsleben und eine gute geistige Entwicklung.

Außerdem wurde festgestellt, daß das Kleinkind selbst in der Lage ist, zwischen Aktivität und Ruhephasen abzuwechseln und sich so die nötige Zeit zur Erholung zu gönnen. Je besser man daher seine Äußerungen wahrnehmen kann, desto besser entwickelt es sich.

● *Das Beispiel „Lóczy"*

Diese Erkenntnisse beruhen auf Forschungen, die in dem erwähnten Säuglingsheim in Budapest durchgeführt wurden. Das Grundprinzip besteht darin, den sehr liebevoll betreuten Kindern zu ermöglichen, sich vollkommen frei zu bewegen und tätig zu sein. Diese Forschungsergebnisse sind nun in mehreren europäischen Ländern bekannt und erweitert worden (der Kongreß in Budapest 1991 vereinte Vertreter aus sieben europäischen Ländern). Von einigen Eltern wurden sie immer wieder spontan umgesetzt, doch waren es bisher wenige, und es gab keinen wissenschaftlichen Nachweis dafür, daß sie Recht hatten.

Emmi Pikler, eine Pionierin auf diesem Gebiet, wurde 1902 geboren und war von den dreißiger Jahren an als Kinderärztin in Budapest tätig. Zuvor hatte sie als Assistenzärztin in der Universitätskinderklinik in Wien gearbeitet, wo sie mit reformpädagogischen Ideen in Kontakt kam. Daraus entwickelte sie grundlegende Gedanken, die sie in einem Buch für Eltern formuliert hat *: Sie sollten dem Säugling, der in der Lage sei, die Sprache zu verstehen, die man zu ihm spricht, größtmögliche Bewegungsfreiheit einräumen und ihn besonders bei der Pflege als aktiven Partner betrachten. Diese Gedanken waren für die damalige Zeit revolutionär.

Als Kinderärztin machte sie bei jeder Familie Hausbesuche – das Neugeborene täglich, später einmal pro Woche und dann in längeren Abständen – und beobachtete den Säugling in Gegenwart seiner Mutter. Sie unterhielten sich über sein Verhalten. Die Mutter notierte während der Woche, was ihr an der Entwicklung ihres Kindes aufgefallen war. Emmi Pikler konnte auf diese Weise 15 Jahre lang ihre Vorstellungen überprüfen, sie ausprobieren, erweitern und bestimmte Prinzipien herausarbeiten.

Im Jahre 1946 wurde sie von der ungarischen Regierung beauftragt, ein Säuglingsheim zu eröffnen. Die Pflege und das gesamte Leben der dort aufgenommenen Säuglinge versuchte sie in der Weise zu organisieren, daß diese Kinder sich annähernd so gut entwickelten wie die beobachteten in den Familien. Hier konnte sie ihre Erkenntnisse in Zusammenarbeit mit den Betreuerinnen der Kinder erproben und weiter vertiefen. Auf die seelische Geborgenheit des Säuglings legte sie besonderen Wert.

Die Entwicklung jedes einzelnen Säuglings mit all seinen individuellen Eigenarten wurde sorgfältig beobachtet und erfaßt, zu-

---

* Friedliche Babys – Zufriedene Mütter

nächst um sich zu vergewissern, daß es dem Säugling gut ging, fer-
ner um seine Entwicklungsschritte in allen Einzelheiten wahrzu-
nehmen. Aufgrund dessen konnte Emmi Pikler einige Jahre später
nachweisen, daß ihre Auffassung von der Entwicklung der Groß-
motorik und die den Kindern zugestandene Bewegungsfreiheit zu
sehr befriedigenden Ergebnissen geführt haben, und zwar was die
gesamte Persönlichkeitsentwicklung betraf. Man bemerkte bei
den Kindern, die unter diesen Voraussetzungen aufwuchsen, eine
geschmeidige Beweglichkeit und Aktivität, erstaunliche innere
Sicherheit, Selbstvertrauen und ein schon recht ausgeprägtes
Selbstbewußtsein.
Ihr Säuglingsheim ist so zu einer Forschungsstätte geworden, die
sich auf zahlreiche, außerordentlich genaue Beobachtungen über
die verschiedenen Aspekte der frühkindlichen Entwicklung
stützt. Doch vorrangig bleibt in erster Linie die Sorge um das kör-
perliche und seelische Wohlergehen jedes einzelnen Säuglings, die
Suche nach optimalen Voraussetzungen, damit er sich auf seine
Weise am besten entwickeln kann.
Inzwischen wurde das Emmi-Pikler-Institut zum Methodologi-
schen Zentralinstitut und richtungsweisend für die übrigen Säug-
lingsheime Ungarns. Es befindet sich in der Lóczy-Straße, daher
der Name „Lóczy", mit dem es im allgemeinen bezeichnet wird.
Die Kinder wechseln, doch die Beobachtungen werden immer mit
derselben Sorgfalt und nach denselben Maßstäben durchgeführt,
d. h. so diskret wie möglich, um die Kinder nicht zu stören. Es
wird niemals experimentiert, nie wird ein Kind in eine bestimmte
Situation gebracht mit der Absicht, einen Aspekt seines Verhal-
tens zu studieren. Es wird in seinem natürlichen täglichen Leben
beobachtet.
Die Beobachtungen werden von den Pflegerinnen selbst oder an-
deren Mitarbeitern des Instituts niedergeschrieben und später
sorgfältig geordnet und analysiert.

Sie liefern uns folglich glaubwürdige Informationen darüber, wozu
Säuglinge und Kleinkinder in der Lage sind, wenn sie in einer Umgebung leben, die Geborgenheit und Bewegungsfreiheit garantiert.
Wenn man die Kinder vom Lóczy vor Ort oder in den Filmaufnah-
men sieht, ist man erstaunt über die – bei anderen Kindern so selten
anzutreffende – Behendigkeit und Harmonie ihrer Bewegungen, über

ihre Konzentration und Freude sowie über das Vergnügen, das sie am Austausch mit den Erwachsenen haben.

In einigen europäischen Ländern wurden in Zusammenarbeit mit Fachleuten für das Kleinkindalter die statistischen Ergebnisse dieser Beobachtungen und ihre konkrete Anwendung im täglichen Leben bestätigt und erweitert, insbesondere in Kindertageseinrichtungen. Es stimmten nicht nur die Ergebnisse überein, sondern auch die Entfaltung und Lebensfreude der Kinder. Die Veränderung im Verhalten derjenigen, die in Schwierigkeiten gewesen waren, das von den Eltern entgegengebrachte Interesse und auch die veränderte Atmosphäre in den Einrichtungen haben die mißtrauischsten Skeptiker aus dem Konzept gebracht.

Das Leben im Säuglingsheim Emmi Piklers wurde in Frankreich erstmals 1973 von Myriam David und Geneviève Appell in ihrem Buch *Lóczy ou le Maternage insolite* beschrieben. Sie sagen dort folgendes:

„Schon beim Eintreten ins Haus überrascht der Anblick dieser lebhaften, blühenden Babys: ihre vergnügten Gesichter, die sonnengebräunte Haut. Es sind Kinder, deren Proportionen und Bewegungen harmonisch sind. Immer wieder vertiefen sie sich in verschiedene Aktivitäten und haben eine gute Beziehung zu den Erwachsenen, von denen sie sich wenig abhängig zeigen. Die Gruppen sind ruhig, es gibt kaum Konflikte zwischen den Kindern, obwohl es an Interaktionen – die ab dem 4. bis 5. Monat beginnen – nicht fehlt."

Dies war auch mein Eindruck, als ich 1985 zehn Tage dort verbrachte.

Ein etwas anderer Blick

Viel wichtiger als schon im Vorhinein zu wissen, was ein Säugling braucht, ist es, ihm zuzuhören, ihn wahrzunehmen, um dann seine Bedürfnisse erfüllen zu können; sein Tun begleiten, ihn entdecken und ihm Vertrauen schenken.

Mit dem Älterwerden des Kindes werden Sie seine Umgebung immer wieder verändern, seinen Wachstumsbedürfnissen entsprechend vorbereiten, aber Ihre innere Haltung wird die gleiche bleiben. Gewisse Informationen von Seiten des Erwachsenen, kindgerechte Erklärungen und Antworten auf seine Fragen werden sein persönliches Experimentieren ergänzen. Das eigene Ausprobieren bleibt aber immer noch die Grundlage für eine gute geistige und innere Entwicklung.

Diese Behauptungen mögen Ihnen vielleicht sehr ausschließlich oder unwiderruflich erscheinen. Wenn Sie Ihrem Kind zuschauen, werden Sie zu Ihren eigenen Vorstellungen kommen. Die zwei Grundgedanken dieses Buches sind folgende:

● *Das Vertrauen*

Sie können Ihrem Kind vertrauen, denn es wird mit einem besonderen, außergewöhnlichen Potential geboren, das es von sich aus verwirklichen kann und möchte.

Es geht nun nicht darum, das Kind an Ihre Normen anzupassen oder an diejenigen der Ärzte, Nachbarn oder Fachzeitschriften, sondern ihm zu ermöglichen, seine eigenen Fähigkeiten in seinem eigenen Rhythmus zu entfalten.

Die Beobachtung von über tausend Kindern hat ergeben, daß ein Kind unter diesen Umständen mehr Selbstvertrauen gewinnt und weniger abhängig von den Erwachsenen ist. Seine Bewegung und sein Spiel sind von einer reichen Vielfältigkeit, und man spürt, daß es aus ihm selbst kommt. Ihre Aufgabe als Eltern besteht darin, Ihrem Kind solche Bedingungen zu schaffen, daß es seine Fähigkeiten verwirklichen kann.

● *Eine Beziehung, die auf Zusammenarbeit beruht*

Sie werden so gewissermaßen zu *Mitarbeitern* des Kindes beim Entdecken seines Selbst und dessen Aufbau. Sie unterstützen, helfen, ermöglichen und sehen sich nicht als Erzieher, dessen Pflicht es ist, die Persönlichkeit zu „formen" (was früher die gängige Auffassung war). Diese neue Einstellung ist viel gelassener, wobei sie jedoch keinesfalls unsere Verantwortlichkeit verringert.

Das Kind ist in diesem Abenteuer der Handelnde, das aktive Wesen, wenn Sie ihm erlauben, es zu bleiben. Sie sind da, wach und aufmerksam, um es zu begleiten. Seine anfängliche Abhängigkeit trägt in sich bereits den Keim der Autonomie.

26

Die Freude:
ein wohlbekannter Begriff, von dem wenig die Rede ist

Ich werde meine Ausführungen mit diesem anderen Blick, der jetzt mehr auf uns Eltern gerichtet ist, ergänzen.

Wenn wir an einem Kind Freude haben – Freude, mit ihm zu leben und ihm zuzuschauen, Entzücken über seine Ursprünglichkeit –, dann ist es gelöst, seine Lebensfreude läßt es aktiv werden, und es befindet sich unter besten Bedingungen.

Das leuchtet ein, wenn alles gut geht, weniger jedoch dann, wenn wir erschöpft, verängstigt, enttäuscht sind oder einfach in bestimmten Alltagsmomenten, denn das Leben mit einem Kleinkind geht zwangsläufig einher mit Momenten des Überdrusses, der Mutlosigkeit, großer Erschöpfung, Momenten, von denen wir nicht immer zu sprechen wagen. Gönnen Sie sich einen Seufzer – den Seufzer der Erleichterung, und vielleicht kommt es dann von selbst zu einem Aufatmen, das Ihnen hilft, ihre Freude wiederzufinden, vielleicht bloß darüber, am Leben zu sein, oder daran, dieses Kind und seine Schönheit zu beobachten, denn jedes Kind ist auf seine Art schön!

Unsere Freude – ob wir sie nun in uns oder außerhalb von uns finden – spürt unser Kind, und es wird uns sicher helfen.

Die Freude wird das ganze Buch hindurch unser Begleiter sein, die spontane und offensichtliche oder die bewußt hervorgerufene Freude. Es geht hier nicht um eine Philosophie oder um angenehme Gefühle, sondern um eine zu beobachtende Wirklichkeit, die sich mit bestimmten neueren Tendenzen deckt: das Bedürfnis nach Regeneration, Gelöstheit und einem frei fließenden Atem – durch eine bewußte Arbeit an sich selbst, bei der man die eigene Spannkraft wiedergewinnt. „Es gibt kein größeres Vergnügen als zu spüren, daß man gut funktioniert", schrieb Bettelheim.

Mit dieser Freude ist weder der Besitz materieller Güter gemeint noch unmittelbare Bedürfnisbefriedigung, sondern eher eine Art Übereinstimmung, Harmonie mit sich selbst und mit dem anderen. Eine Freude zu leben, sich umzuschauen, selbst wenn die Umstände schwierig sind. In solchen Augenblicken entsteht Wohlbehagen, alles funktioniert besser, und das wiederum ist eine Quelle der Freude.

In dieser Weise sollten wir Eltern ständig an unseren Ängsten, unserem Infantilismus und Machtbedürfnis arbeiten – wir tragen keine Schuld an ihnen, da sie das Ergebnis unserer Geschichte sind, aber wir sollten sie nach und nach überwinden, um etwas mehr wir selbst zu werden.

Dann können wir die Informationen aus so einem Buch wie diesem aufnehmen, darüber nachdenken und uns selbst vertrauen.

Was aus diesem Werk in uns eindringt, wird in uns weiterarbeiten, wir werden es assimilieren, behalten dabei aber unsere Ursprünglichkeit. Es wäre schade, wenn die verschiedensten und vielfältigen Reichtümer, die in uns genauso wie im Säugling vorhanden sind, nicht zur Entfaltung kommen könnten – es ist aber nicht egal, auf welche Art und Weise dies ermöglicht wird. Liebe und gesunder Menschenverstand reichen nicht immer aus.

Das Leben ist alles andere als in einem statischen Gleichgewicht, so daß es kein bestimmtes Erziehungsmodell oder Elternmodell geben kann. Liebe und Überlegung, Vertrauen in sich und den anderen sorgen für Freude, und das Leben weist uns den richtigen Weg.

Versuchen wir, unseren Kindern zu helfen, von Anfang an ihre eigene unverwechselbare Persönlichkeit zu entwickeln (ihnen also für die Zukunft ein wenig Mühe zu ersparen) und Freude am Selbständigwerden zu finden, so daß ihre Abhängigkeit sich verringert. Die im folgenden beschriebene pädagogische Einstellung kann ihnen einen besseren Ausgangspunkt ermöglichen, eine positivere Richtung weisen.

Nehmen Sie sich Zeit, die Luft zu spüren, die Sie durchströmt: Bewußtsein von Ihrer Innenwelt zu erlangen und von der Außenwelt, die Sie ständig versorgt … *Ihren* Säugling zu entdecken und bei der Entdeckung Ihrer selbst noch einen Schritt weiterzukommen.

Damit ist der Rahmen gegeben. Schauen Sie nun Ihrem Kind zu. Wir werden jetzt auf die kleinen Einzelheiten seines täglichen Lebens eingehen.

> Schauen Sie einem Säugling auf respektvolle und diskrete Weise zu, ohne ihn zu stören. Schauen Sie, wie er lebt. Wenn Sie sich nähern, selbst wenn Sie lächeln, warten Sie ein wenig, die ersten Reaktionen werden von ihm kommen: Er wird die Initiative ergreifen. Sie können darauf antworten, ohne ihm zuvorzukommen. Er wird Zeit und Raum haben, um zum Ausdruck bringen zu können, was er in diesem Augenblick ist.

2. Kapitel

Die tägliche Pflege – besondere Augenblicke echter Begegnung

> Die frische Morgenluft und die Freude über
> das eigene Leben. (...)
> Da sein
> In der Friedlichkeit des grauen Himmels
> In der keimenden Stille eines neuen Lebens.
>
> Christian Bulting, *Les Éléments des poètes*,
> Hachette Jeunesse, 1990.

Abgesehen von dem Buch „Miteinander vertraut werden" von Emmi Pikler und ihren Mitarbeitern * werden Sie in den Büchern über Säuglingspflege zwar viele konkrete Details finden, die jedoch nicht diese besondere Einstellung ihrem Kind gegenüber erwähnen, es wahrzunehmen, sein Vertrauen zu wecken und ihm das anzubieten, was es braucht. Dabei braucht es vor allem das, was ihm hilft, mehr Vertrauen zu sich selbst zu gewinnen und ein Bewußtsein von sich selbst zu entwickeln.

Auch wenn die nun folgenden Beobachtungen den Anschein erwecken, vor allem für Mütter bestimmt zu sein, so werden sie in gleicher Weise Väter und ältere Geschwister ansprechen sowie alle, die mit einem Säugling zusammenleben oder mit ihm zu tun haben.

Wie Sie Ihren Säugling aufnehmen und tragen

Für ein Neugeborenes ist es wichtig, sich möglichst wohl zu fühlen. Wenn seine ersten leiblichen Erfahrungen gut sind, wird es auch den folgenden vertrauen. Auf dieser Grundlage bildet sich seine erste Vorstellung von sich selbst.

---

* Miteinander vertraut werden, Herder/Spektrum, Band 4537.

Nehmen Sie den Säugling von Anfang an so auf, daß sein Kopf nicht nach hinten hängt und daß die Art, wie Sie ihn tragen, ihm – wie auch Ihnen selbst – ein Gefühl der Sicherheit verleiht. Üblicherweise wird ein Säugling so aufgenommen, daß die Hände von den Achseln her unter seine Schultern gleiten, was zur Folge hat, daß sein Kopf nach hinten kippt, bevor er wieder unterstützt werden kann. Man spürt zwar sehr wohl, daß dies für den Säugling unangenehm ist, aber ohne zu wissen, wie es anders ginge.

Wenn Sie versuchen, ihn so aufzunehmen, wie die folgenden Zeichnungen es vorschlagen, werden Sie sicher merken, daß diese Haltung nicht nur vom Säugling als wohltuend empfunden wird. Es ist sehr angenehm, ein Kind so zu tragen: Da es nicht in Gefahr ist, abzurutschen, ist es ganz gelöst und Sie selbst auch. Sein Gesicht ist dem Ihren nahe, sie können sich gegenseitig anlächeln und miteinander plaudern.

Einen Säugling aufrecht zu tragen kann sicher etwas Besonderes für ihn sein, solange er so klein ist und Sie sozusagen *alles* für ihn sind: Sie halten seinen Kopf, sind ganz nah mit ihm zusammen und erleben einen innigen Moment der Wiederbegegnung. Aber schon bald haben Sie den Wunsch, sich mit ihm durch Blicke auszutauschen und werden merken, daß seine Wirbelsäule, wenn er ausgestreckt auf Ihrem Arm liegt, nicht zusammengedrückt wird wie in der Senk-

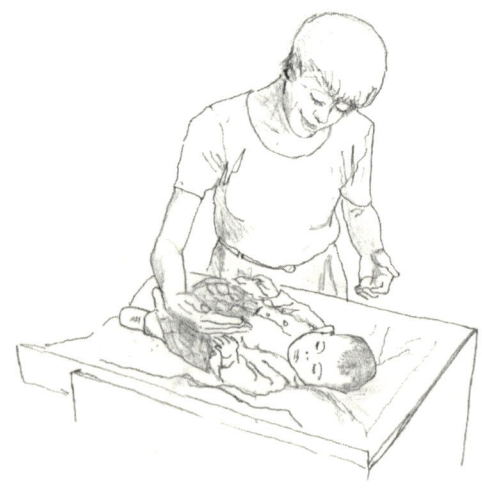

Das Wichtigste ist die
Bewegung der Hände ...

30

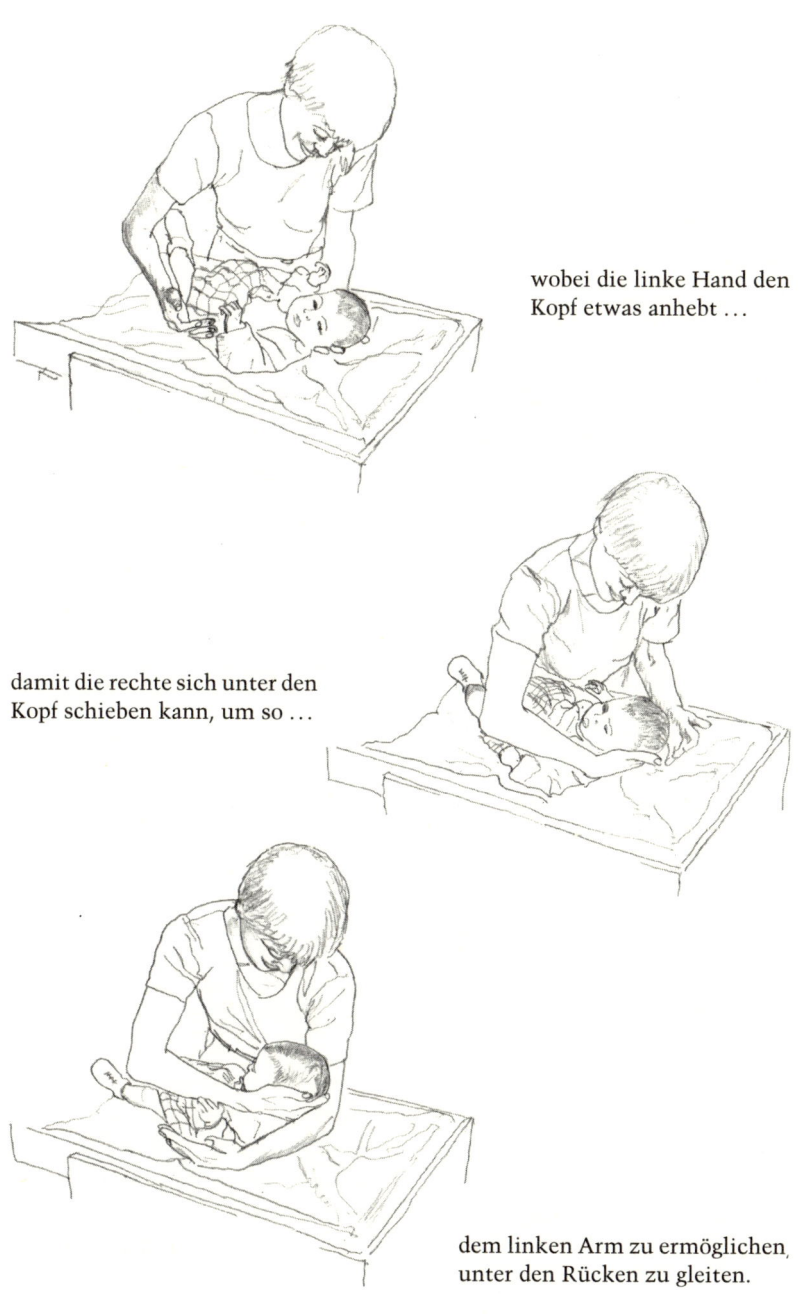

wobei die linke Hand den
Kopf etwas anhebt ...

damit die rechte sich unter den
Kopf schieben kann, um so ...

dem linken Arm zu ermöglichen,
unter den Rücken zu gleiten.

31

Der Kopf liegt nun in der Armbeuge auf, die Wirbelsäule entlang dem Unterarm der einen
und das Gesäß in der Hand-
innenfläche der anderen Hand.

rechten und seine Atmung viel tiefer sein kann. Diese Lage ermüdet
ihn nicht im geringsten. Da er seinen Kopf nicht selbst halten muß,
fühlt er sich sicherer und wird bald damit beginnen, ihn frei zu drehen. Wahrscheinlich lächelt er Sie auch bereitwilliger an, weil er sich
im ganzen freier fühlt.

Immer wenn Sie ihn aufnehmen und seine Lage verändern, ihn von
seinem Bett ins Bad tragen oder zu seiner Mahlzeit, werden Sie spüren, wie angenehm es ist, ihn so zu tragen; selbst wenn Sie ihn nur
auf den Arm nehmen, weil es ihm da wohl ist und Sie ihn einfach
noch ein wenig bei sich haben wollen. Im Lóczy werden die Kinder
auf diese Weise getragen, bis sie von selbst aufrecht sitzen und im
Sitzen spielen.

Während einer Zugfahrt beobachtete ich einmal eine junge Frau, die sehr aufmerksam mit ihrem vier oder fünf Monate alten Säugling umging. Er saß oder stand auf ihren Knien und konnte gerade eben seinen Kopf halten, öfter aber noch wackelte er damit vor und zurück, um ihn jedesmal schnell wieder aufzurichten.

Nach etwa einer Viertelstunde fing er zu weinen an. Seine Mutter hat dann freundlich mit ihm gesprochen und seine Lage verändert; unsicher, nicht wissend, was mit ihm los war, bot sie ihm ein Fläschchen an, das er aber ablehnte. Es war noch nicht an der Zeit.

Allem Anschein nach war das Kind einfach erschöpft von der Anstrengung, seinen Kopf selbst zu halten, Grund genug für sein Weinen. Ihn leicht schräg liegend zu halten, den Kopf gut unterstützt, hätte es ihm ermöglicht, sich auszuruhen.

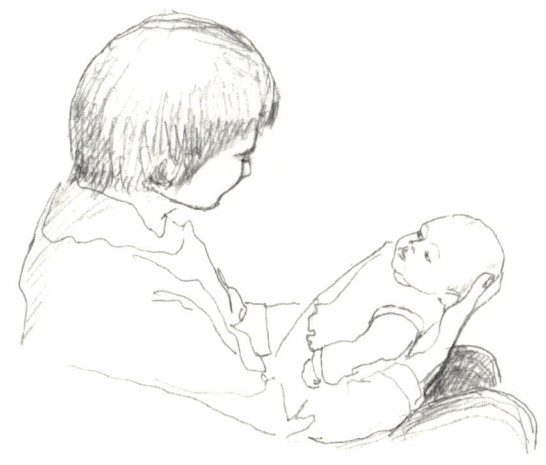

Achten Sie darauf, daß der Kopf Ihres Säuglings von Ihren Händen
gut unterstützt wird. Und zwar so lange, bis sich Ihr Kind von selbst
auf den Bauch gedreht hat, in dieser Lage spielt und seinen Kopf
selbst halten kann.

Sollten Sie jetzt überrascht sein oder skeptisch und meinen: *„Aber er wird ja gar keine Muskeln bekommen, er wird ja ganz schlaff bleiben!"*, dann beachten Sie das, was wir im folgenden Kapitel über die

Aktivität des Säuglings in der Rückenlage sagen. Sie werden dann einiges leichter verstehen und sehen, daß er ausreichend Gelegenheit haben wird, aktiv zu sein und seine Muskulatur zu kräftigen! Der Kopf eines Säuglings ist im Verhältnis zum übrigen Körpergewicht sehr schwer. Anfangs verfügt er noch nicht über genügend Kraft und Koordinationsfähigkeit, daher ist es für den Säugling anstrengend und ermüdend, ihn längere Zeit zu halten.

Die Pflege

● *Die Pflegesituation vorbereiten*

Ihr Säugling liegt wach in seinem Bett, und Sie wollen ihn baden oder wickeln. Gehen Sie so zu ihm, daß er Sie sehen kann und erklären Sie ihm – auch wenn er erst einige Tage alt ist – was Sie mit ihm vorhaben. Beobachten Sie, wie er reagiert. Warten Sie eine kleine Weile, damit er genügend Zeit hat, um überhaupt wahrzunehmen, daß Sie da sind, mit ihm sprechen und nun gemeinsam mit ihm etwas tun werden. Während Sie ihn behutsam aufnehmen, suchen Sie seinen Blick.

Sie können weiter mit ihm sprechen und ihn beobachten: Ist er zufrieden, beunruhigt oder müde? Anschließend legen Sie ihn behutsam auf den Wickeltisch, wobei Sie dieselbe Bewegung durchführen wie beim Hochnehmen: Sie halten mit der einen Hand seinen Kopf, während Sie Ihren Arm herausziehen.

Sollte man mit einem jungen Säugling anders als mit anderen Menschen sprechen?
Wenn wir auf das zurückkommen, was wir über seine Möglichkeiten, uns zu verstehen und aktiv an seiner Entwicklung teilzunehmen, bereits gesagt haben, dann liegt die Antwort auf der Hand: Sprechen Sie mit ihm so einfach und klar wie möglich, aber nicht kindisch und so, daß Ihr Gesicht dem seinen nahe ist, damit er Sie gut sehen kann.

Ihr Kind ist ja eine eigenständige Person, an die Sie sich wenden wie an jede andere, warum sollten Sie dann mit ihm in der dritten Person sprechen: „Oh! Lilli tut etwas weh, oh! Wie traurig sie ist!" oder „Schau, was Mama für Florian hat!" Ihr Kind ist doch kein Gegenstand; wenn Sie zu ihm sagen: „Das tut dir aber weh!" oder: „Schau, was ich für dich habe", dann spürt es Ihre Nähe und echte Verbundenheit.

Sie werden sicher Ihre individuelle Art finden, mit Ihrem Kind zu sprechen: mit der Ihnen eigenen Zärtlichkeit, Ihren ganz speziellen, fast geheimnisvollen und nur für sie beide bestimmten Worten, mit all den Beglückungen, die wir nur mit einem Säugling erleben und die weder der eine noch der andere missen möchte.

Die Pflege darf geraume Zeit in Anspruch nehmen, achten Sie daher darauf, daß Sie sich wohlfühlen, daß der Wickeltisch weder zu hoch noch zu niedrig ist, damit Sie sich gegenseitig gut sehen können und Ihr Kind vom Herunterfallen durch ein seitliches Gitter geschützt ist. Zeigen Sie Ihrem Kind auch, was Sie für die Pflege vorbereitet haben, bevor Sie es ausziehen. Dabei suchen Sie immer wieder seinen Blick und beschreiben ihm mit ruhiger Stimme, was Sie tun: „Ich nehme deinen Arm, ich ziehe dir dein Jäckchen aus … schau, hier ist die Watte, ich werde dein Gesicht damit säubern, deine Wange, die andere Wange …"

Später werden Sie es dann auffordern: „Gib mir bitte deinen Fuß, damit ich deinen Hausschuh ausziehen kann."

Aber sprechen Sie nicht immer, denken Sie daran, Ihrem Kind zuzuhören, es zu beobachten, ihm Zeit zu lassen zu reagieren; mit anderen Worten: Seien Sie offen für seine Äußerungen. Seine Mimik und seine Laute werden nach und nach immer reichhaltiger. Überfallen Sie es nicht mit einem Redeschwall, ohne wahrzunehmen, ob es überhaupt Zeit hat, auch nur irgendetwas von dem zu verstehen, was Sie gesagt haben.

Immerhin will es Ihnen ja etwas sagen mit seinen Lauten, seinen Bewegungen und mit seiner Mimik. Selbst wenn Sie spüren, daß Ihr Kind Ihnen etwas mitteilen möchte, vielleicht erscheint Ihnen das insgeheim doch nicht wertvoll genug? – Im Gegenteil! Genießen Sie diese Momente – ein Kind schöpft aus dem Vollen, wenn Sie ihm Ihre freudige Anteilnahme zukommen lassen. Fassen Sie das, was es Ihnen mitteilt, in Worte, aber überlassen Sie ihm die Initiative.

● *Ein für beide wohltuendes Zusammensein*

Lassen Sie sich nicht von zu vielen Menschen rund um sich herum ablenken. Die Pflege ist für Sie beide ein besonders inniger und ruhiger Augenblick. Allmählich werden Sie immer besser verstehen, warum es von solcher Bedeutung für Ihr Kind ist, diese Zeit des Zusammenseins auch so erleben zu können.

Einzig und allein aufgrund dieser kleinen, täglichen Erfahrungen beginnt der Säugling bereits aktiv, eine erste Vorstellung von sich selbst zu bilden.

Ein Kind, mit dem man hingegen wenig spricht, das aber ganz geschickt und freundlich, aber schnell und beziehungslos behandelt wird, erlebt nicht, daß es wichtig ist, daß man es wahrnimmt und daß man auf es Rücksicht nimmt. So wird es sich schwerlich wohlfühlen.

● **Die Anteilnahme des Säuglings an der Pflege wächst ständig**

Mit der Zeit wird es Ihnen immer besser gelingen, auf seine Laute zu achten und ihm nicht mit Ihren Worten zuvorzukommen: Sie werden sehen, daß Sie dabei Ihrem Kind die Gelegenheit geben, sich von sich aus zu äußern, zu *agieren* und nicht nur zu *reagieren*. Vermutlich ist es dabei auch aktiv beteiligt, aber diese Aktivität hängt von der Intervention des anderen ab, von dessen Impulsen. Im Lóczy wurden eine ganze Reihe von Beobachtungen gemacht über die Art und Weise, wie Säuglinge, bereits im Alter von zwei oder drei Monaten, sich aktiv an den Erwachsenen wenden, ihn richtiggehend „rufen" oder „ansprechen". Sie werden hierbei fähig, innerhalb einer Beziehung Initiative zu ergreifen.

Ihr Kind wird älter, und Sie geben ihm vielleicht bereits in Reichweite befindliche Gegenstände in die Hand (den Wattesack, die Haarbürste usw.) und lassen es damit spielen. Trotzdem werden Sie sehr bald merken, wieviel sinnvoller es ist, wenn sich seine Aufmerksamkeit ungeteilt auf Ihre Tätigkeiten richten kann (Sie cremen sein Gesicht ein, entfernen seine Windel oder ähnliches) anstatt daß Sie es mit Gegenständen abzulenken versuchen: So würde es sich nämlich wie ein Paket handhaben lassen, während es mit etwas ganz anderem beschäftigt ist.

Vielleicht erscheinen Ihnen diese Details unbedeutend, aber beim Weiterlesen werden sie verständlicher werden.

Wenn Sie Ihr Kind auf den Bauch legen müssen, um z. B. eine Schleife zu öffnen, drehen Sie es – nachdem Sie dies vorher angekündigt haben – behutsam um. Sie werden dabei folgendes beobachten:

Nehmen Sie den Arm des Säuglings und legen Sie ihn auf die Seite, auf die Sie ihn drehen wollen, in der Verlängerung des Körpers neben seinen Kopf. Ihr Säugling wird die Bewegung nicht nur ohne jedes Unbehagen, sondern mit aktiver Beteiligung fortsetzen. Solange er seinen Kopf noch nicht selbst halten kann, erleichtern Sie es ihm, wenn Sie beim Umdrehen sein Kinn mit einem Finger unterstützen.

Je älter er wird, desto mehr tritt Ihre Hilfestellung in den Hintergrund, und er führt die meisten Bewegungen selbst aus. Ihre Einstellung ist immer die gleiche: ihm die Möglichkeiten zu geben, an dem, was Sie mit ihm tun, teilzunehmen. So wird er sich nicht daran gewöhnen, Objekt zu sein, das sich, vielleicht sogar auf angenehme Art, aber eben doch passiv, manipulieren läßt.

Dies erklärt auch, warum im Lóczy der Wickeltisch mit einem Gitter umgeben ist. So kann der Bewegungsdrang des Kindes respektiert werden. Es kann sich auf den Bauch drehen, ohne hinunterzufallen, und aufrichten, um auch in dieser Haltung gewickelt und angezogen zu werden.

● *Ein intensiver Augenblick im Leben des Säuglings*

Sie werden sehr rasch bemerken, daß das Anziehen und die Pflege für den Säugling zu ganz besonderen Zeiten in seinem Leben werden – auch für Sie. Sie können zu ihm sagen: „Ich nehme deinen Arm, ich nehme deinen Fuß", und er wird im selben Augenblick in dieser Hand oder in diesem Fuß etwas spüren.

Wenn es Ihnen gelingt, sich zurückzunehmen, werden Sie wahrnehmen, wie er sein Interesse kundtut.

Sara, sechs bis sieben Monate alt, war etwas verwirrt von der Veränderung an ihrem Fuß, nachdem der Socken angezogen war. Abwechselnd betrachtete sie versunken jeden ihrer beiden Füße. Wenn möglich, läßt man ihr die nötige Zeit für ihre Beobachtungen. Ein bißchen später wird sie vielleicht selbst ihre Hand aus dem Ärmel ziehen, lächelnd und mit großer Freude.

Auf diese Weise erleben Sie, wie Sie Ihr Kind bei der Entdeckung seines Körpers begleiten können.

Dieses Bewußtwerden seiner Selbst vollzieht sich voller Freude und in Beziehung zu Ihnen, in Liebe und Geborgenheit. Kann es überhaupt einen besseren Beginn fürs Leben geben? Ein Bewußtwerden, das sich in seinem Gewebe, in seinen Zellen vollziehen wird und das der Mensch tief in seinem Inneren sein ganzes Leben lang bewahren wird.

Deswegen ist es so wichtig, daß Sie sich – falls Sie sich nicht dauernd um Ihren Säugling kümmern können – so organisieren, daß Sie so oft wie möglich bei der Pflege und den Mahlzeiten mit ihm zusammen sind. Gerade in diesen Situationen, durch das Berührtwerden von Ihren Händen (den Körperkontakt), durch Ihre Zärtlichkeit, Ihre Worte, die nach und nach Bedeutung gewinnen, nimmt das Kind die Grenzen seines Körpers wahr, seine Haut, den Unterschied zwischen sich selbst und dem Gegenüber. Auf diese Weise kann sich eine gute Beziehung zu Ihnen entwickeln.

Sollte Ihr Säugling bereits schwierige Situationen durchlebt haben wie etwa Krankheit, Krankenhausaufenthalt, Trennung oder ähnliches, dann ist es erst recht hilfreich, sich ihm gerade in diesen Zeiten aufmerksam zu widmen, um ihm zu ermöglichen, wieder zu sich zu kommen und sich in Ihrer Gegenwart wieder zu erholen.

Ich habe einen Säugling von vier Monaten beobachtet, der seinen ganzen ersten Lebensmonat im Krankenhaus verbringen mußte. Wenn ihn seine Pflegerin behutsam in die Arme nahm, war er aufgeregt, bewegte seine Arme und Beine in alle Richtungen, ohne den Erwachsenen anzuschauen, der dennoch zu ihm sprach. Im Laufe solcher von mir beschriebenen Pflegesituationen, durch Wahrnehmen des Kindes, ganz behutsames Einreiben der Gelenke mit ein wenig Öl, konnte ich beobachten, wie sich allmählich seine Füße und dann seine Arme entspannten; schließlich hat es sich ganz wohlig ausgestreckt; erst dann suchte sein Blick den der Pflegerin, die sich zu diesem Zeitpunkt nicht darum bemüht hatte. Sie hat das Kind, das noch immer ausgestreckt auf seinem Rücken lag, mit ihren beiden Armen entlang seinem Oberkörper umfaßt; es hat sie halb-fragend, halb-glücklich angeschaut, so genau läßt es sich nicht sagen. Aber offensichtlich war es beruhigt, erfüllt und bei sich und hat vermutlich seinen Körper als Einheit wahrgenommen.

Zahlreiche solcher Beobachtungen zeigen, daß ein Säugling, der auf diese Art und Weise wahrgenommen wird, selbst fähig ist, sich zu beruhigen. Wenn der Erwachsene dafür offen ist, kann das Kind das Seinige tun.

Ein Säugling entwickelt sich langsam aufgrund einer Vielzahl sich wiederholender Ereignisse. Geht es Ihrem Kind gut, geschieht dies mehr oder weniger von selbst, hat es aber bereits schlechte Erfahrungen gemacht oder wurde es von Ihnen adoptiert, dann helfen Sie ihm sehr, wenn Sie ihm diese Qualität des Zusammenseins während der Pflege immer wieder ermöglichen. Sie werden sehen, wie Ihr Kind dann allein spielen wird, um anschließend ruhig zu schlafen. In diesen Zeiten können Sie sich dann, ohne jeden Nachteil für das Kind, ruhig auch von jemand anderem in der Betreuung ablösen lassen.

Wissen Sie, wie Ihre Mutter sich Ihnen gegenüber verhalten hat, sehr aufmerksam und fürsorglich, oder hat sie Sie eher sich selbst überlassen? Ohne werten zu wollen, versteht man sich selbst besser, wenn man weiß, was man als Kind erlebt hat.

● **Anziehen, ausziehen**

Selbstverständlich werden Sie Ihr Kind in derselben Weise auch anziehen: Sie zeigen ihm das Jäckchen, den Socken, die Windel, bevor Sie es anziehen und fordern es dabei zur Mitarbeit auf: „Gibst du mir deinen Arm? Gibst du mir deinen Fuß?" oder „Bitte, gib mir deinen Fuß."

Warten Sie ein bißchen, und vielleicht können Sie die Gelegenheit nutzen, wo es zufällig kurz seinen Arm in die Höhe hält, um ihm den Ärmel überzuziehen. Nach einigen Tagen werden Sie beobachten, daß es seinen Arm immer öfter hebt, bis es Ihnen denselben tatsächlich entgegenstreckt.

Sicher werden Sie nicht immer warten, daß der Arm sich hebt, um den Ärmel überzuziehen! Aber Sie erleben hier, daß es dadurch die Möglichkeit bekommt, mitzuwirken, aktiv zu sein und an dem teilzunehmen, was für es und mit ihm geschieht.

Beobachten Sie Tag für Tag, wie Ihr Kind immer neue Dinge, zu denen es schon fähig ist, selbst tut: wie es sich auf den Bauch dreht oder mit wenig Hilfe auf den Rücken zurückkommt, ein bißchen an der Hose zupft, die Sie ihm gerade anziehen oder die Socken auszieht und ähnliches.

Eines Tages wird es selbst aufstehen können und gehen. Wenn Sie

ihm die Möglichkeit bieten wollen, seine neuen Fähigkeiten einzu-
setzen, können Sie es meist im Stehen anziehen. Entweder Sie installieren ein kleines Gitter, an dem es sich festhalten kann, oder Sie setzen sich auf einen kleinen Schemel und ziehen es auf einem kleinen
Teppich am Boden an. Wenn Sie Ihrem Kind auch ein Fußbänkchen
hinstellen, kann es sich z. B. zum Jacke oder Schuhe anziehen hinsetzen. Sie werden bald spüren, daß es für ein Kind, das schon gut stehen
kann, viel angenehmer ist, als im Liegen angezogen zu werden.
Trotzdem sieht man oft zweijährige Kinder, die zwar schon sehr geschickt, jedoch noch nicht sauber sind, die von ihren Müttern auf
den Wickeltisch gelegt und wie ein Säugling gewickelt werden.

● *Ein wesentlicher Lernprozeß*

Wenn Sie sich so von den Fortschritten Ihres Kindes leiten lassen,
werden Sie seiner Freude und seinem großen Interesse begegnen: Die
Pflegehandlungen sind nichts Mechanisches mehr, gut und möglichst schnell zu erledigen, sondern eine Zeit intensiver Beziehung,
in der man spürt, daß das Kind einen tiefen und innigen Lernprozeß
erlebt, wertvoll für es selbst und für seine Zukunft. Sie ermöglichen
ihm dabei etwas, das die Qualität des Seins an sich ausmacht, nämlich sich ganz zu bewohnen.

Diese Haltung soll aber keineswegs ausschließen, daß die Pflege
nicht auch ein Ort der schelmischen Spiele ist, wo man sich anlä-
chelt, viel Freude erlebt und singt, ohne dabei den Fortgang der Pflegehandlungen aus den Augen zu verlieren oder zuzulassen, daß das
Kind den Pflegeplatz verläßt.

Es wird für einige Tage notwendig sein, eine Art Selbstbeobachtung
zu leisten hinsichtlich Ihrer Einstellung dem kleinen Wesen gegenüber: so, als ob Sie die wahren Gesten erst lernen müßten. Dann wird
es schon leichter und die neue Umgangsweise wird Ihnen immer
selbstverständlicher. Es wird sich wahrscheinlich so eine Art Wech-
selspiel ergeben zwischen Zeiten lauschender Stille, in denen Sie
sich selbst zurücknehmen, um Ihr Kind wahrnehmen zu können und
sehr spontanen Augenblicken, wo Sie gemeinsam spielen.

Ich möchte Ihre Aufmerksamkeit noch auf ein eher lärmendes
Spiel lenken, das **Kitzeln**, bei dem der Erwachsene oft mehr Vergnügen empfindet als das Kind, das seinerseits eher erregt als wirklich

fröhlich zu sein scheint. Es wird dabei zum Objekt, zum Spielzeug für den Erwachsenen. Versuchen Sie hier besonders aufmerksam die Reaktionen und Antworten Ihres Kindes zu beobachten. Jeder Säugling ist anders, und Sie können nicht wissen, ob Ihr Kind dieses Spiel gern oder weniger gern hat, und es hängt außerdem von der jeweiligen Situation ab. Daher noch einmal, hören Sie ihm zu, nehmen Sie ihr Kind wahr!

Das Bad

Es ist oft mit viel Sorge und auch großer Freude für die Mütter verbunden!

Vielleicht können Sie sich jetzt schon besser vorstellen, wie Sie am geeignetsten vorgehen?

Zuerst geben Sie etwas Wasser in die Badewanne des Säuglings oder ins Waschbecken und halten ihn so, wie wir gesagt haben: Auf Ihrem Arm liegend, seinen Kopf in Ihrer Armbeuge, lassen Sie sein Gesäß auf den Boden der Wanne gleiten: Sein Kopf liegt auf Ihrem Unterarm, und mit Ihrer rechten Hand halten Sie ihn sicher am Oberarm und an der Schulter fest. Sie werden sehen, daß er fast ganz im Wasser ist, aber dadurch, daß er immer von Ihrem Arm gehalten wird, sich überhaupt nicht unsicher oder unwohl fühlt oder in Gefahr ist, abzurutschen. Und Sie werden auch keine Sorge um sein Wohlbefinden haben müssen.

Mit der anderen Hand geben Sie ein wenig Wasser auf seinen Oberkörper, so wird er sich allmählich damit anfreunden. Sie brauchen ihn nicht loszulassen, um ihn wieder aus der Wanne zu nehmen und aufs Handtuch zu legen; Sie vollziehen einfach die umgekehrte Bewegung: Ihre rechte Hand gleitet an seinem Rücken entlang, bis Sie ihn in der Höhe seines Gesäßes festhalten; sein Kopf ruht also wieder in Ihrer Armbeuge, und er fühlt sich auch wieder wohl.

Bei dieser Vorgangsweise haben Sie während der ganzen Badezeit seinen Kopf nicht losgelassen. Mit Ihrer linken Hand konnten Sie ihn behutsam einseifen – ein Säugling ist ja nicht so schmutzig! Sie werden sehen, welch großes Vergnügen es ihm – und zweifellos auch Ihnen – bereiten wird, ihn mit der bloßen Hand einzuseifen, ohne Waschlappen, so daß es sich eher wie ein Streicheln anfühlt und wieder eine Gelegenheit ist, um diesen Körperkontakt freudig zu erleben. Sie werden bemerken, daß er völlig sicher ist, wenn sein Kopf angenehm in Ihrer Handfläche oder Ihrer Armbeuge liegt. (Achten Sie auf Ihre Fingernägel, daß sie für Ihr Kind nicht unangenehm sind.) Seien Sie sich bewußt, daß jeder Säugling unterschiedlich auf das Baden reagiert. Manche mögen es sehr, andere weniger. Manche lassen sich gern im Wasser treiben, andere wieder spüren lieber den Boden und bevorzugen wenig Wasser.

Eine Mutter von zwei Jugendlichen äußerte ihr Erstaunen über die verschiedenartigen Reaktionen ihrer Kinder, als sie noch Säuglinge waren. Der erste verbrachte sehr gerne lange Zeit im Wasser, streckte sich dabei aus und bewegte Hände und Füße. Es war gar nicht so leicht, ihn wieder herauszubekommen. Während sich der zweite nur einige Augenblicke darin wohlfühlte, bis er sich in etwas angespannter Weise bewegte, als Zeichen dafür, daß es schon genug war und er keine Lust mehr hatte, länger darin zu verweilen.

Wenn Sie wollen, daß Ihr Kind nach und nach eine gute Beziehung zu sich selbst aufbaut, versuchen Sie, es so zu nehmen, wie es ist: für dasjenige, das das Wasser liebt, ein längeres Bad, für das andere ein kurzes. Wichtig ist immer das Wohlbefinden Ihres Kindes in Zusammenhang mit seinen Bedürfnissen und Fähigkeiten. Wortlos, noch kaum bewußt, macht es die Erfahrung, daß seine Vorlieben respektiert und seine Signale verstanden werden. (Und wie war das bei Ihnen, wie hat man auf Ihre Vorlieben reagiert, als Sie noch klein waren?)

Machen Sie sich jetzt noch keine Sorgen, was die Zukunft betrifft: Ich weiß nicht, welcher von den beiden Jugendlichen, die ich oben erwähnt habe und die jetzt 15 und 18 Jahre alt sind, besser schwimmt und welcher von ihnen lieber in den Wellen auf dem offenen Meer spielt!

Gönnen Sie sich einen Seufzer der Erleichterung, entspannen Sie sich! Haben Sie Vertrauen zu sich selbst, Sie werden sehen, daß es in Wirklichkeit gar nicht so schwierig ist. Aber versuchen Sie, diesen wenigen Hinweisen zu folgen, besonders was das sichere Halten Ihres Säuglings betrifft. Unerwartetes Ausrutschen, Seife in die Augen können Erinnerungen hinterlassen, die lange brauchen, um zu verblassen, im Kind und in Ihnen.

Wie auf dem Wickeltisch – nur vielleicht etwas mehr, weil er sich im Wasser befindet – wird Ihr Säugling, falls nötig, auch hier gelöster, um dann in Ruhe wieder seine Spannkraft zu finden, wenn Sie ihm dafür Zeit lassen.

Denken Sie auch manchmal daran, seine einzelnen Körperteile beim Namen zu nennen: „Jetzt wasche ich deinen Arm, deinen Rücken, deinen Popo, deine Beine." Sie werden dabei sehr schnell Ihren persönlichen Stil, ihr Lächeln, den Ihnen eigenen Humor finden!

Mit der Zeit wird Ihr Kind immer größer, Sie fühlen sich wohl und werden entdecken, was Sie ihm alles selbst überlassen können, wobei Sie es selbstverständlich immer im Auge behalten, während Sie es spielen oder allein sitzen lassen. Es wird auch aktiv teilnehmen: die Seife, den Waschlappen und andere Dinge benutzen.

So wie die Pflege ist auch das Bad ein Moment echter Begegnung, wo man miteinander plaudert und etwas gemeinsam erlebt. Das Kind ist völlig vertieft in seine Tätigkeit und in das, was Sie für es tun. Es ist gelöst und fühlt sich rundherum wohl.

Braucht man viel Zeit für diese Pflegehandlungen?

Man könnte ja annehmen, daß es viel Zeit in Anspruch nimmt, die tägliche Pflege so durchzuführen; tatsächlich ist das aber nicht der Fall. Vielleicht dauert es am Anfang etwas länger, als wenn Sie Ihren Säugling ruckzuck manipulieren, aber sehr bald wird er kooperieren, an den Pflegehandlungen aktiv teilnehmen und diesen also wenig Widerstand entgegensetzen; die Pflege verläuft harmonisch, Sie verlieren keine Zeit und ermüden kaum, da er ja friedlich und entspannt ist.

Eines ist dabei sehr wichtig und hilfreich: Bereiten Sie rechtzeitig alles vor, bevor Sie den Säugling aus seinem Bett heben. Rufen Sie sich alles ins Gedächtnis, was Sie brauchen werden: die Windel, das Hemd, das Jäckchen, die Creme, die Watte und vieles andere. Vergewissern Sie sich, daß Sie nichts vergessen haben, Sie werden sich dadurch viel Zeit und Energie, Ärger und vor allem Ängste ersparen! Legen Sie alles in Reichweite, dann brauchen Sie Ihren Säugling nicht alleine auf dem Wickeltisch lassen oder ihn herumtragen, um eine Windel zu suchen, womöglich genau in dem Moment, wo er auf Ihren Arm pinkelt!

Es ist oft ganz einfach, einige Regalbretter, vielleicht auch nur provisorisch, über dem Wickeltisch anzubringen. Die notwendigen Gegenstände sind weder schwer noch sperrig, und die Tatsache, daß sie leicht zu erreichen sind, selbst mit einer Hand, verschafft Ihnen die Möglichkeit, viel entspannter und aufnahmebereiter für Ihr Kind zu sein: Das sollte es wohl wert sein, einmal zwei Stunden herumzuwerken und einige Löcher in die Wand zu bohren!

Unangenehme Pflegehandlungen

Nägelschneiden, Naseputzen, ein Zäpfchen verabreichen! Sorgenvolle Augenblicke, die mich inzwischen zum Lächeln bringen!

Hier zwei sehr unterschiedliche Lösungsvorschläge:
- sich heimlich nähern und sehr schnell machen
- oder dem Kind den betreffenden Gegenstand zeigen und es vorwarnen: „Das wird etwas wehtun, du magst das nicht ... wir werden versuchen, es schnell hinter uns zu bringen."

Da solche Situationen sehr häufig auftreten, konnte ich alle beide ausprobieren ... anfänglich!

Bei der ersten Lösung – anfangs noch wirksam – bekommt das Kind mit der Zeit das Gefühl, als ob diese Unannehmlichkeit jeden Moment wiederkehren könnte und ist folglich ständig etwas beunruhigt und leicht angespannt. Man hat eigentlich das Gefühl, es zu hintergehen.

Zweite Lösung: Es verspannt sich in dem Moment, wo Sie es vorwarnen. Sie zeigen ihm die Watte, den Verband, indem Sie ihm Ihr Mitgefühl bezeugen: „Wir sind alle beide an dieser Sache beteiligt ..."; es kann weinen, seine Unzufriedenheit ausdrücken. Und dann: „Es ist vorbei!", Erleichterung auf beiden Seiten.

Das Kind versteht, was passieren wird, weiß und fühlt, was es an Unangenehmem zu erwarten hat ... aber gemeinsam mit Ihnen. Fast bewußt macht es die Erfahrung, daß „das nicht schrecklich ist", daß Schmerzen nicht zerstören. Indem es diese in einem sicheren und entspannten Klima kennenlernt, wird es vielleicht weniger Angst empfinden, wenn es eines Tages stärker damit konfrontiert werden sollte.

„*Warum all diese Vorsichtsmaßnahmen?*", werden sich manche fragen. Weil es am Anfang darum geht, angenehme Erfahrungen zu sammeln, um eine positive Vorstellung vom Leben und von sich selbst zu bekommen, und um später immer schwierigeren Situationen gewachsen zu sein.

Für uns Erwachsene kommen immer wieder zwei grundverschiedene Einstellungen in Frage:
- die Haltung desjenigen, der die Situation beherrscht, der Wissende, Beschützende, dem sich der andere zu unterwerfen hat – auch wenn es zu seinem Besten ist;
- oder eine Zusammenarbeit anstreben, bei der einer sicherlich stärker ist und weiß, was nötig ist, der andere sich deswegen aber nicht passiv unterordnen muß, sondern mit allen ihm derzeit zur Verfügung stehenden Fähigkeiten teilnehmen kann.

Was mich bertifft: Ich war beeindruckt von der Erleichterung, die sich in mir ausbreitete. Ich kam mir plötzlich nicht mehr so bösartig vor, sondern fühlte mich freundlicher, konnte dem Kind Mut machen und hatte die geteilte Freude des „Es ist vorbei!" gern.

Das Mitwirken des Kindes wird mit der Zeit immer effektiver. Es hält den Wattesack oder die Zäpfchenschachtel. Später wird es sogar selbst das Zäpfchen aus der Schachtel nehmen oder die Pipette eines Serums gleichzeitig mit der Mutter in der Hand halten; sie wird nur ein bißchen stärker draufdrücken, damit die Flüssigkeit auch rauskommt.

Ein Kind, das an seinem persönlichen Leben regen Anteil nimmt, erträgt schwierige Situationen viel leichter, wenn es eine aktive Rolle dabei übernehmen kann. Es fühlt sich viel stärker und dem anderen weniger ausgeliefert. In gewisser Weise ist es Herr der Lage, hat etwas ganz Bestimmtes zu tun. Hier begegnen wir wieder unserer Grundhaltung, das Kind als ein aktives Wesen wahrzunehmen und nicht als eines, dem es lieber ist, sich aufmerksamen Händen zu überlassen.

Ich habe in den darauffolgenden Situationen oft einen Unterschied beobachtet: Das vorgewarnte und mitwirkende Kind schien sich viel besser wieder zu erholen. Ob, im entgegengesetzten Fall, eine vage Unsicherheit eines „Es kann wieder von vorne losgehen?" zurückgeblieben ist?

Ein Kind, das im Laufe von Wochen die Erfahrung gemacht hat, daß auch schmerzhafte Ereignisse immer angekündigt werden (außer natürlich einige unvorhersehbare!), lebt nicht immer in dem bangen Gefühl, daß diese jederzeit wieder eintreten können. Es ist daher nicht ständig auf der Hut, sondern vertrauensvoll. Und wenn es weiß, wann etwas Unangenehmes bevorsteht, dann hat es auch das Recht, zu weinen. Man wird ihm deshalb nicht grollen, sondern seinen Kummer mit ihm teilen. Das Kind weiß, daß es aufhören wird und kann in gewisser Weise die Situation mit den ihm zur Verfügung stehenden Möglichkeiten meistern.

Eine goldene Regel
Kündigen Sie Ihrem Kind (soweit möglich) immer an, wenn ihm etwas Unangenehmes bevorsteht, und halten Sie Ihre Versprechungen immer ein (Gutes wie Schlechtes). Sie werden sehen, daß ihm das viel Sicherheit gibt und ihm ermöglicht, ruhiger und gelöster zu sein, weil sein Vertrauen nicht hintergangen wurde.

Die medizinische Pflege

Heutzutage findet man immer häufiger Ärzte, die sich direkt ans Kind wenden und mit ihm sprechen, auch wenn es noch so klein ist.

Man scheint offensichtlich überzeugt davon zu sein, daß es vorteilhaft ist, ihm zu erklären:

– was sich ereignen wird;
– ob ihm das weh tun wird, wo und wie lange;
– warum man das macht: weil es Bauchweh hat oder weil es hustet oder im Gegenteil, damit es ein gesunder kleiner Junge (oder ein gesundes kleines Mädchen) bleibt.

Sollte Ihrem Kind etwas Schwerwiegendes bevorstehen, erklären Sie ihm mit einfachen und persönlichen Worten genau das, was Ihnen wichtig erscheint: „Du hast etwas geschluckt, was deinem Bauch sehr weh tun kann, daher muß dich der Arzt untersuchen." „Irgendetwas behindert dich beim Atmen. Die Frau (oder der Mann) wird auf deinen Rücken und deine Brust klopfen, damit diese störenden Sachen rauskommen; das ist sehr unangenehm, aber nachher wird es dir besser gehen."

Dadurch werden der Schmerz oder die Angst nicht verschwinden, aber Ihr Kind hat so die Möglichkeit, sich darauf einzustellen. Wie es dieses Angebot nutzt, liegt ganz bei ihm. Seltsame oder unerwartete Reaktionen sollten Sie nicht beunruhigen, man weiß nie, was in einem Kind vorgeht.

Erwarten Sie auf keinen Fall, daß Ihr Kind zu weinen aufhört oder davon abläßt, die Behandlung zu verweigern. Aber es hat so die Chance, als Mensch nicht von etwas Unbekanntem, Unerwartetem oder Angsterweckendem völlig irritiert zu werden, sondern ist in der Lage, aktiv seine Gefühle wie Zorn, Ablehnung, Furcht oder andere zu zeigen.

Leider ist es immer noch sehr üblich, zu sagen: *„Es passiert ja nichts, so wein doch nicht!"* oder auch die Aufmerksamkeit des Kindes auf etwas anderes zu lenken, damit es nicht allzuviel mitbekommt. Vielleicht finden Sie stattdessen Worte für seine Angst oder seinen Schmerz: Indem Sie ihm zuhören, es wahrnehmen und seine Gefühle beschreiben, fühlt sich Ihr Kind verstanden und nicht allein gelassen.

Wenn man will, daß das Kind dem gewachsen ist, was ihm begegnet, wird man seine Angst und sein Unwohlsein, selbst seinen Schmerz nicht abzustreiten oder zu bagatellisieren versuchen. Das Weinen ist im allgemeinen notwendig, um Spannungen loszuwerden. Ihr Kind braucht Ihre Aufmerksamkeit, Ihre Anteilnahme und wahrscheinlich auch Körperkontakt mit Ihnen, um sich sicher zu fühlen. Halten Sie es eine Weile in Ihren Armen; die Zeit, die es braucht, bis sich seine Anspannung allmählich löst, wird es weinen und sich dann wieder beruhigen.

Nach dieser Zeit des Zuhörens kann ihm vielleicht auch ein liebgewonnener Gegenstand helfen, einen längerwährenden, schmerzhaften Zustand zu ertragen.

Versuchen Sie, sich ein bißchen in seine Lage zu versetzen, sich vorzustellen, was es fühlt, indem Sie sich von ihm führen lassen. Es liegt an ihm, die von Ihnen angebotene Hilfe anzunehmen. Selbst wenn Sie die beste Mutter oder der beste Vater der Welt wären, können Sie nicht das Leben Ihres Kindes leben, und selbst wenn, würden Sie ihm keinen guten Dienst erweisen.

Am liebsten wäre es uns, wenn wir in der Lage wären, Schmerz und Traurigkeit in Luft aufzulösen. So ist das Leben aber nicht. Wir können unserem Kind aber Mittel und Wege anbieten, dem Leben zu begegnen. Die Arbeit muß es dann selbst leisten. Sei es auch noch so klein, jedes Kind ist ein von uns getrenntes Wesen. Wir sind da, um es zu begleiten. Für einige von uns ist das zwar hart, aber gleichzeitig auch beruhigend.

Wenn wir das schaffen, ermöglichen wir unserem Kind, mehr und mehr Verantwortung für sich selbst zu übernehmen.

Sollte eine solche Situation für Sie sehr unangenehm sein, dann bedenken Sie, daß Kinder sich im allgemeinen sehr schnell von einem körperlichen Schmerz erholen. Sie erholen sich jedoch nicht von der damit verbundenen Angst, wenn sie nicht mit jemand anderem geteilt oder gar nicht verstanden und respektiert wird.

Körperkontakt

● *Eine Möglichkeit, sich kennenzulernen*

Vielleicht ist es für Sie ohnehin selbstverständlich, daß Ihr Neugeborenes dicht bei Ihnen auf Ihrem nackten Körper liegt. Wenn nicht, dann erinnern Sie sich daran, vor allem auf der Entbindungsstation, auch wenn das einige Schwestern in Aufregung versetzt. Es ist dies ein sehr inniger Kontakt, und das Baby ist, ob es nun schläft oder wach ist, ganz entspannt und wird behutsam von Ihnen gestreichelt. Gönnen Sie sich diese Freude, gönnen Sie ihm diese Nahrung, denn es handelt sich tatsächlich um Nahrung, wenn es Ihre Haut wiederfindet, Ihren Duft, Ihren Herzschlag und Ihre gesamte Ausstrahlung.

Welch beglückendes Erlebnis, welch wunderbare Möglichkeit, sich auszuruhen und sein Gleichgewicht wiederzufinden, so als ob seine Atmung und sein Herzschlag uns von neuem füllen würden.

Und sollten Sie Ihr Kind adoptiert haben – selbst wenn es schon einige Monate alt ist – zögern Sie nicht. Aber seien Sie nicht ungestüm, geben Sie sich und dem Kind Zeit … So wird es auch Ihre Haut und Ihre Ausstrahlung wahrnehmen, spüren, wie Ihr Herz schlägt und sich daran gewöhnen, obwohl es nicht das ist, was es gekannt hat, dem aber sehr nahe kommt. Gibt es eine innigere und friedlichere Art, sein neues Leben zu beginnen?

Sollte Ihnen dieser sehr nahe Kontakt persönlich unangenehm sein (aber warum es nicht trotzdem ausprobieren, allein und ohne Zuschauer?), dann werden Sie sicher andere Gelegenheiten finden, die ihm und Ihnen das Gefühl von Nähe geben und Raum lassen für individuelle Entfaltung.

● *Massieren und Streicheln*

Ich mochte das Massieren wirklich gern. Nach den Anleitungen des Buches *Shantala* von Frédérick Leboyer (s. Bibliographie) habe ich mit ausgestreckten Beinen, auf denen mein Kind lag, auf dem Boden gesessen. Sie können es natürlich auch auf dem Wickeltisch massieren oder an jedem anderen Ort, der Ihnen beiden angenehm ist.

Es liegt Ihnen gegenüber und Sie massieren es ganz leicht (die einzelnen Bewegungen sind sehr einfach im Buch erklärt) mit Ihren von lauwarmem Mandelöl weichen Händen. Eines meiner Kinder, das etwas hypertonisch war als Säugling, war anfangs überrascht und nicht jeden Tag damit einverstanden, aber im Lauf der Wochen hat es sich dann gelöst. Es waren für uns intensive Augenblicke des Zusammenseins.

Nun, vielleicht möchten Sie es ausprobieren. Das Buch vermittelt Ideen, aber ob mit oder ohne Methode, Ihr Streicheln und Massieren werden für Ihr Kind in jedem Fall sehr wertvoll sein. Sollte es etwas angespannt oder nervös sein, streicheln Sie es noch behutsamer. All diese angenehmen Augenblicke helfen ihm dabei, sich selbst in seinem Körper, den es gerade entdeckt, wohlzufühlen.

Mit der Zeit wird Ihr Kind sich gerne selbst berühren, seinen Körper und auch seine Geschlechtsteile streicheln. Sie bezeichnen diese mit einfachen Worten, so wie die anderen Körperteile auch: Vulva, Penis, Hoden (oder andere Ausdrücke, die nicht abwertend sind). Eines Tages werden Sie ihm auf Ihre Weise sagen, daß es ein kleines Mädchen ist wie Mama oder ein kleiner Junge wie Papa und deswegen diese oder jene Geschlechtsteile sein eigen sind. Wenn Sie seine Entdeckungen liebevoll und wohlwollend beobachten können, fallen Ihnen die für dieses Alter notwendigen Wörter ganz von selber ein: Sie brauchen ihm noch keine komplizierten Erklärungen geben.

Es geht hier nicht darum, auf die täglichen Zärtlichkeiten, Küsse oder körperlichen Kontakte für jedes Alter länger einzugehen. Die Kinder wissen diese sehr unterschiedlich zu schätzen, das hängt von der jeweiligen Situation und von gewissen Phasen ab.

Schauen Sie doch einmal einem friedlich spielendem Kind von

sechs bis acht Monaten zu: Ein Erwachsener kommt, nimmt es hoch, läßt es hüpfen, kitzelt es, küßt es, lacht, das Kind lacht auch – aber finden Sie nicht, daß man bisweilen eine Anspannung spürt, irgendetwas Unnnatürliches, ein bißchen Erzwungenes?

Wir glauben nur allzu schnell, daß unser Zusammensein mit einem kleinen Kind in Ordnung ist, wenn wir wissen, wie wir es zum Lachen bringen können. Und daß wir trotzdem in Ordnung wären, wenn wir wüßten, wie wir es leben lassen können, so wie es selbst möchte?! Es entsteht beim Säugling schnell eine Abhängigkeit, wenn er sich an solche Momente gewöhnt hat, die manchmal oder oft Anlaß zur Freude sind, aber meist nur für uns selbst. Diese Augenblicke können den Säugling verärgern, durcheinanderbringen: Manche Kinder können dies schon ausdrücken, indem sie sich zurückziehen, mit einem bloßen Blick – dies sollte eine Botschaft und eine Hilfe für uns sein!

Mit etwas Distanz werden wir uns bewußt, daß wir lange Zeit glauben, ein Anrecht auf ihren Körper zu haben: die Wange oder die Haare zu streicheln, auf den Rücken zu klopfen oder auf den Popo, natürlich liebevoll. Aber wenn sie in ein Spiel vertieft sind, empfinden sie das mitunter als aufdringlich und unangenehm. Nur weil man Vater oder Mutter ist, bedeutet das nicht, daß man sich immer richtig verhält. Ein Kind weiß und fühlt, was es gern hat und kann dies auch ausdrücken. Die Frage ist nur, ob wir spüren und wahrnehmen, was es uns mitteilen will.

Der Schlaf

Es ist schön und beruhigend, einen Säugling friedlich und voller Vertrauen schlafen zu sehen, bevor er seine Erkundungen wieder fortsetzt. Sie wünschen sich natürlich, daß dies immer ein so angenehmer Augenblick für ihn ist, wie für den dreijährigen Jungen, der sagte: „Hmm, mein Bett ist mein bester Freund!" Es ist eine Situation, wo er sich selbst wiederfindet und seine Vergangenheit mit allem, was sie an Gutem zu bieten hat, aber es ist auch ein Moment der Trennung, der Einsamkeit, etwas beunruhigend oder manchmal traurig.

Daher achten Sie darauf, daß sein Bett oder Körbchen vom ersten Tag an ein geschützter und Schutz gebender Ort ist. Ihr Kind wird sich, wenn es Ihren persönlichen Duft vielleicht an einem leichten Kleidungsstück, das Sie getragen haben, wiederfindet (ein Übergangsobjekt, durch das es an Sie erinnert wird), sicherlich wohlfühlen. Dafür sorgt auch eine angenehme sanfte Wärme, wenn Sie ihm einen dieser Schlafsäcke anziehen, der die Arme frei beweglich läßt.

Sie legen ihn auf den Rücken oder leicht auf die Seite, aber auf keinen Fall auf den Bauch (auch wenn die Bauchlage lange Zeit von zahlreichen Ärzten propagiert wurde): Einige seit mehreren Jahren und in verschiedenen Ländern durchgeführte Untersuchungen haben gezeigt, daß die Rückenlage bei Säuglingen auf bedeutende Art und Weise die Unfälle während des Schlafs (plötzlicher Kindstod) zurückgehen ließ. In Frankreich fand eine große Kampagne unter der Schirmherrschaft des Gesundheitsministers statt, mit der Empfehlung, die Säuglinge immer auf den Rücken zu legen und darauf zu achten, daß ihnen beim Schlafen nicht zu heiß ist. Im Lóczy liegen die Kinder auf einer unnachgiebige Matratze, ein flaches Kopfkissen bekommen sie erst dann, wenn das Kind sich den Zipfel der Bettdecke selbst öfters unter den Kopf zieht. *

Sein Bett sollte ein ruhiger Ort sein. Deswegen vermeiden Sie es, dorthin Spielsachen zu legen, vor allem solche, die zur Bewegung anregen und Lärm erzeugen. Achten Sie auch darauf, daß er nur wenn er krank ist Gelegenheit hat, dort zu spielen. Natürlich hat jedes Kind seinen eigenen Schlafrhythmus. Sie brauchen mehr oder weniger lange Ruhephasen, und wenn es ihnen gut geht, dann mögen sie Ruhe und Entspannung. Wir haben im Lauf ihrer Spieltätigkeit beschrieben, daß sie selbst zwischen Augenblicken des Tätigseins und solchen des Ausruhens abwechseln. Aber bei bestimmten Anlässen, wenn das Kind sehr aktiv oder sehr unruhig gewesen ist oder das Bedürfnis hat, der Stärkere zu sein, kann es vorkommen, daß ein kleines Kind sich weigert, ins Bett zu gehen oder einzuschlafen. Ihre wohlwollende Bestimmtheit und Zuversicht werden ihm helfen, nachzugeben, und der Mittagsschlaf und die Nächte werden wieder länger.

Sollten die Probleme weiterbestehen, befinden Sie sich möglicher-

---

* Die Mulde, die der Säugling beispielsweise in ein Schaffell drückt, behindert bereits die ausgiebige Beweglichkeit seines Kopfes; dessen maximales seitliches Drehen bewahrt ihn vor dem Ersticken beim Aufstoßen oder Erbrechen von Milch. (Anm. d. Übersetzerin)

weise in Situationen, die wir etwas später behandeln werden, wenn es sich ums Weinen oder um verschiedene andere Schwierigkeiten handelt. (s. 2. Band)

Man kann auch schauen, welcher Nutzen sich aus Schlafstörungen ziehen läßt: Sie sind oft ein gutes Barometer für kleinere oder größere Schwierigkeiten, die Ihr Kind entweder selbst hat, bei Ihnen spürt oder in der Beziehung zwischen ihm und Ihnen. Es ist bedauerlich, daß sie existieren, man käme auch ganz gut ohne sie aus! Aber da sie nun mal da sind, versuchen Sie sofort, die Situation zu verbessern oder die Probleme zu lösen: ein Gewinn an Zeit, Kraft und Freude für alle Beteiligten!

Die Mahlzeiten

Essen – seinem Körper etwas Gutes und Warmes zuzuführen – scheint unendlich wichtig für Säuglinge zu sein. Diejenigen, bei denen das Essen bisweilen problematisch verläuft, fühlen sich sicher aus irgendeinem Grund nicht wohl; wir werden noch darauf zurückkommen. Die Mahlzeiten sind eine erneute Gelegenheit für körperliche Nähe und echte Begegnung. *

● *Die Zeit des Essens vorbereiten*

Zum Stillen oder zu den Mahlzeiten holen Sie Ihr Kind mit der gleichen Sorgfalt, mit der Sie es für die Pflege vorbereiten, indem Sie Blickkontakt aufnehmen und ihm sagen, was geschehen wird; Sie unterstützen dabei seinen Kopf wieder gut und tragen es liegend, solange das Kind noch ganz klein ist.

Sie können ihm bereits ein kleines Lätzchen umbinden. – Mit vier Wochen zappelt Marie schon freudig, wenn ihre Mutter ihr das Lätzchen zeigt und umbindet; hat sie es tatsächlich schon wiedererkannt als Zeichen für die nun folgende Mahlzeit? –

Wenn Sie Ihren Säugling stillen, achten Sie darauf, daß er bequem liegt und sich wohlfühlt, daß er auch genug Luft bekommt und seine Nase nicht zu dicht an Ihrer Brust liegt. Schauen Sie, daß sein Kopf

---

* siehe auch „Schritte zum selbständigen Essen" in: Miteinander vertraut werden, Emmi Pikler u. a. Herder/Spektrum, Band 4537.

gut unterstützt ist, seine Arme und Hände frei sind und er im ganzen gelöst sein kann. Kinder mögen es gar nicht, wenn man ihre Arme unter einem Tuch oder am Körper festhält. Wenn Sie Ihrem Kind die Flasche geben, ist es ratsam, sie von Zeit zu Zeit zurückzuziehen, damit es besser atmen kann.

Richten Sie sich so ein, daß es für beide angenehm und bequem ist: ein guter Sessel mit Rücken- und Armlehne – weder zu hoch noch zu niedrig – eventuell mit einem Schemel für Ihre Füße. Unempfindliche Kleidung hilft Ihnen beiden, die Mahlzeiten in Ruhe genießen zu können. Legen Sie sich – wie für die Pflege – auch hier alles Notwendige bereits vorher zurecht: ein Tuch oder einen Schwamm in Reichweite, um die kleinen Mißgeschicke zu bereinigen, ohne dafür aufstehen zu müssen, genauso wie den Fläschchenwärmer.

Bereiten Sie ein gutes Zusammensein vor!

● *Nahrung für die Seele*

„Warum alle diese kleinen Details? Ein Säugling trinkt doch, weil er Hunger hat?"

Die Mahlzeit eines Neugeborenen und jungen Säuglings ist jedoch nicht einzig und allein ein Moment der bloßen Nahrungsaufnahme, wie anscheinend noch allzu oft angenommen wird, sondern auch Nahrung für die Seele.

Ruhe und Regelmäßigkeit bei den Mahlzeiten

Die Geborgenheit, die Ihr Säugling in einer guten Beziehung bei Ihnen findet, nährt auch sein gesamtes Lebensgefühl: Vier oder fünf Mal am Tag erlebt er völliges Wohlbehagen. Wenn seine ersten Eindrücke und Empfindungen von dieser Qualität sind, ermöglicht ihm das, ruhiger und friedlicher zu sein und von innen her Vertrauen ins Leben, zu sich selbst und der Umgebung zu gewinnen.

Wir klagen oft über die große Anzahl von unruhigen, nervösen und aufgedrehten Kindern. Die Gründe dafür sind vielfältig und bei jedem Kind anders. Aber merken Sie, wie ein Säugling in diese Richtung gedrängt werden kann, wenn er beim Fläschchentrinken unterbrochen wird, die Nachbarn zum Plaudern kommen oder man sich immer wieder plötzlich bewegt, weil man schlecht sitzt. Womöglich steht man noch ganz abrupt auf, weil er auf die saubere Hemdbluse gespuckt hat? Das Kind erlebt ein ständiges Stoßen und Rütteln, ein Unbehagen, das oft noch verstärkt wird dadurch, daß nicht immer dieselbe Person das Fläschchen gibt und diese daher nicht denselben Rhythmus und dieselbe Art hat, das Kind zu halten oder die kleinen Probleme zu lösen.

Sie werden etwas später sehen, was die Spezialisten zu diesem Problem sagen und welche Lösungen sie gefunden haben, insbesondere in Krippen.

Im Lóczy ist es nicht erlaubt, eine Pflegerin zu stören, außer im Notfall natürlich, auch nicht, mit ihr zu sprechen, wenn sie einem Kind, das jünger als 12 bis 15 Monate alt ist, sein Essen gibt.

Sogar in unbequemen Situationen kann ein Säugling beträchtliche Mengen trinken und essen und den Erwachsenen dadurch zufriedenstellen. Aber ihm wird dabei etwas anderes vorenthalten: Ruhe und Wohlbehagen und das Erlebnis, zu sich zu kommen; die Fähigkeit, sich zurechtzufinden, das, was mit ihm geschehen wird, zu verstehen oder sogar vorherzusehen – er erfährt all das nicht, was ihm hilft, ausgeglichener zu werden.

Die Mahlzeit, eine Gelegenheit zur Kontinuität in der emotionalen Bindung

Man hört noch oft: *„Jeder kann doch das Fläschchen gleich gut geben … das Kind muß schon früh die Gelegenheit haben, sich mit verschiedenen Personen anzufreunden."*
Es wurde beobachtet, daß Säuglinge und Kleinkinder Kontinuität und ähnliche Handlungsabläufe brauchen, um sich zurechtzufinden.
Versuchen Sie, Ihrem Säugling bis zum Alter von drei bis vier Monaten seine Mahlzeiten immer selbst zu geben. Wenn Sie es später nicht mehr tun können, schauen Sie, daß es soweit wie möglich immer dieselbe Person ist, die ihm zu essen gibt, auch wenn Ihr Kind selbst keinen Protest zeigt, da es sich an ständige Veränderungen gewöhnen und sie akzeptieren kann, sich jedoch niemand im Klaren darüber ist, was ihm dann fehlt.
Wenn Sie wollen, daß Ihr Säugling sowohl aktiv wie friedlich ist, bedenken Sie, daß die Mahlzeit eine ständig sich wiederholende Erfrischung für ihn bedeutet. Wenn sich das nun in einer ruhigen und

friedlichen Atmosphäre abspielt, mit einer Beständigkeit, die es ihm ermöglicht, sich im Ablauf der Ereignisse zurechtzufinden, dann wird Ihr Säugling einen ganz besonderen Gewinn daraus ziehen.

Bei Zwillingen ist es wichtig, daß jeder einzelne einmal Ihre volle Aufmerksamkeit bekommt. Sie werden daher versuchen, mit einem von ihnen allein zu sein, ganz für ihn da zu sein, und sich bemühen, dem anderen nur zurückhaltend von weitem zu antworten, auch wenn er sich sehr stark bemerkbar machen sollte. Sie werden ihm ruhig erklären, daß er auch an die Reihe kommen wird. Wenn dies jedem regelmäßig und deutlich vor der Mahlzeit gesagt wird, dann gewöhnen sich die Kinder im allgemeinen sehr gut daran, weil dann jedes Kind auch von der ungeteilten Zuwendung der Mutter gesättigt wird. Es wäre daher schade, allen beiden gleichzeitig das Essen zu geben, einen Löffel abwechselnd für jeden!

Wenn ich Ihnen einen Rat für die Zukunft Ihres Säuglings geben darf: Knausern Sie nicht mit dieser Qualität der Zuwendung, was die Mahlzeiten betrifft. Solange er noch sehr klein ist, schauen Sie, daß Sie, seine Mutter – oder sein Vater, wenn er kontinuierlich mit Ihnen zusammenlebt – ihm so oft wie möglich das Essen geben.

Auch wenn Ihnen geholfen werden muß, dann bitten Sie eher darum, daß man die Mahlzeit vorbereitet, aber geben Sie ihm diese dann selbst.

„Aber wenn eine Mutter angespannt ist, ängstlich oder ungeschickt, ist es dann nicht besser, daß hin und wieder jemand anderer das Essen reicht, um so das Baby von der Angst seiner Mutter zu entlasten?"
Vielleicht … Nachdem das Wichtige dabei die Erfahrung von Sicherheit, von Wohlbefinden für den Säugling ist, sollte man vielleicht tatsächlich jemanden um Hilfe bitten. Aber so, daß derjenige sich immer auf die Mutter bezieht: *„Deine Mama* hat mich gebeten, dir zu essen zu geben, weil sie glaubt, daß es dir so besser geht."

So gibt es dann auch keine Zweideutigkeit: Die Mutter ist die Quelle des Wohlbehagens, auch wenn ihm das Essen von jemand anderem gereicht wird. Die Verbindung zwischen Ihnen und Ihrem Kind ist nicht abgerissen, der andere ist nur Vermittler. Die Mutter kann auch anwesend sein und das Essen mit der anderen Person zubereiten; das Kind sieht sie alle beide. Wichtig ist, daß ihm die Mahlzeiten regelmäßig und in Ruhe gegeben werden und es sich dabei wohlfühlt.

Vielleicht halten Sie mich für zu streng? *„Wenn wir mit Freunden zusammen sind, gibt es immer jemanden, der das Baby gerne füttert. Das ist sympathisch, und so nimmt es am Leben aller teil ...“* Ja, aber beobachten Sie Ihren Säugling: Wie geht es ihm? Sind seine Bewegungen gelöst ... und wie ist sein Blick ... hat er Freude am Essen? Ist er wirklich zufrieden? Er schaut Sie an und genießt jemand anderen, umso besser.

Oft werden Sie aber auch sehen, daß er nicht weiß, wohin mit sich, er windet sich, rutscht etwas, sein Gesicht hat nicht denselben Ausdruck, als wenn Sie ihn füttern, er zeigt sein Unwohlsein, sein Erstaunen.

Erinnern Sie sich immer daran, daß Ihr Säugling eine völlig eigenständige Person ist und daß Sie ihn vor jeder Veränderung davon in Kenntnis setzen sollten und Rücksicht auf ihn nehmen müssen, so wie Sie sich das Ihrerseits auch wünschen. Er ist kein Spielzeug, kein Objekt zur Belustigung für Erwachsene.

Vielleicht denken Sie: *„Warum sollte er nicht trotzdem von Zeit zu Zeit andere Erfahrungen machen, sogar etwas Unangenehmes?“* Die Entscheidung liegt natürlich bei Ihnen.

Aber wenn er ganz klein ist, spüren Sie selbst sicher auch, daß ein solches Erlebnis vermeidbar ist.

Und wenn er größer ist? Ist es nicht eine gute Gelegenheit für ihn, festzustellen, daß sich auch jemand anderes freundlich um ihn kümmern kann, oder gehts hier eher um den Spaß des Erwachsenen, für den er etwas Unwohlsein in Kauf nehmen muß? Entzieht man ihm einen für ihn wertvollen Augenblick oder nicht?

Ja, das müssen Sie selbst sehen. Jeder Säugling ist anders, jede Familie auch. Aber bereiten Sie ihn immer darauf vor: „Heute werde nicht ich dir das Püree geben, sondern Charlotte. Schau, ich sag ihr, wie du gerne sitzt ... ich bleibe da.“

Bei manchen Säuglingen hängt der Appetit sehr stark vom Wohlbefinden ab.

Ich glaube, ich kenne keine Mutter, die es so ohne weiteres erträgt, daß Ihr Kind schlecht ißt. Das zieht schnell einen Teufelskreis nach sich: Die Verweigerung des Säuglings steigert die Spannung der Mutter, die wiederum ihrerseits das Unwohlsein des Säuglings verstärkt.

In so einer Situation ist es vielleicht gut, jemand anderen zu bitten, ihm einige Mahlzeiten zu geben, unter der Bedingung, daß die besprochenen Vorbereitungen getroffen werden.

Ich möchte Ihnen keine Rezepte liefern, sondern viel eher eine Zusammenfassung dieser Informationen, die auf einer Reihe von Beobachtungen beruhen.
Je mehr der Säugling die Erfahrung von Geborgenheit, Wohlbehagen und Regelmäßigkeit macht, desto ausgeglichener wird er sein und daher auch einen guten Appetit entwickeln!

Ich erwähne hier etwas, wovon später noch die Rede sein wird: Die Beziehung zwischen einer Mutter und Ihrem Säugling kann manchmal so eng sein, daß es für diejenigen unter Ihnen, die sehr isoliert sind, manchmal schwer zu ertragen ist – und daher auch für den Säugling selbst. Mit einem Kind den ganzen Tag allein zu sein, während der Vater nur am Abend nach Hause kommt oder gar nicht, wenn Sie Alleinerziehende sind, kann anstrengend werden, vor allem, wenn der Säugling sich nicht wohlfühlt oder Widerstand zeigt. Sollten Sie sich in dieser Situation befinden, dann werfen Sie sich nicht mangelnde Belastbarkeit vor oder Unsicherheit: Beziehungen sind einfach notwendig, egal ob zu Hause oder außerhalb, um zu vermeiden, daß man in der Einsamkeit gegen eine leere Wand redet.
Um all diese Energie, von der wir gesprochen haben, ausdrücken zu können, braucht der Säugling Raum. Nehmen auch Sie sich Raum und bleiben Sie ein wenig auf Distanz, damit sich nicht Ihr ganzes Interesse einzig und allein auf ihn richtet. Gönnen Sie es sich gelegentlich, selbst auszugehen, Ihr Kind wird besser essen und schlafen, wenn Sie zufrieden sind!

● *Die aktive Teilnahme des Säuglings an seiner Mahlzeit*

Die Initiative des Säuglings während der Mahlzeit

Sie werden feststellen, daß Sie der Initiative Ihres Säuglings viel mehr Raum geben können, als es in den Handbüchern vorgeschlagen wird.
Achten Sie auf den Moment, wo er anfängt, sein Fläschchen zu berühren und zu halten, dann das Glas, ein Stück Brot oder Keks und später den Löffel.

Zeigen Sie ihm das Fläschchen immer, bevor Sie es ihm geben: Warten Sie, wenn möglich, daß er den Mund öffnet, bevor Sie ihm den Schnuller hineinstecken. Wenn er das Fläschchen mit seinen Händen berühren will, halten Sie ihn nicht davon ab. Manche Säuglinge geben das Fläschchen schon sehr bald aus dem Mund und wieder hinein und heraus, noch bevor sie es alleine halten können. Lassen Sie es zu! Der Drang des Säuglings, selbst etwas zu meistern, gehört zu seinem Wesen und hat nichts Gefährliches an sich, im Gegenteil! Sie können ohne weiteres Vertrauen haben in die von ihm gezeigten Fähigkeiten. Seine Initiative ist eine leicht verständliche Sprache, auf die Sie ebenso reagieren können wie auf jede beliebige Person, die mit Ihnen spricht. Aber seien Sie auch nicht zu fordernd: Bieten Sie ihm das Glas oder den Löffel an und beobachten Sie, was er damit macht, bevor Sie sich fragen: „Von welchem Alter an muß er aus dem Glas trinken oder mit dem Löffel essen?" Wenn Sie sehen, daß sich eine Gelegenheit ergibt, lassen Sie diese sich entwickeln, indem Sie das Notwendige vorbereiten. Jeder hat den ihm eigenen Rhythmus, in einem Bereich schnell, im anderen langsamer und weniger aktiv (ich denke dabei an einen Säugling, der schon sehr weit entwickelt war in seiner Motorik und sauber aß, aber erst mit 14 oder 15 Monaten alleine aus einem Glas trank).

Vertrauen Sie Ihrem Kind, so wie es ist: Sie werden entdecken, daß es aus einer inneren Dynamik heraus seine Entwicklungsschritte am besten vollzieht (weitere Beispiele dazu im nächsten Kapitel). Sie brauchen es nicht drängen: Es wird ohnehin seinen neuen Möglichkeiten Ausdruck verleihen!

Die Pflegerinnen im Lóczy halten Glas oder Fläschchen am unteren Rand, um dem Säugling genügend Platz für seine Hände zu geben. Auch sind Fläschchen und Glas immer durchsichtig, damit er den Inhalt sehen kann.

Der Säugling weiß, ob er Hunger hat

Sie können sich von seinem Appetit leiten lassen: Beobachtungen haben gezeigt, daß ein Säugling die Milch- oder Nahrungsmenge, die er braucht, selbst regulieren kann.

„Wir machten uns Sorgen", erzählt eine Mutter, „weil unser kleiner, fünf Monate alter Junge etwas dick war"; eine befreundete Kinderpflegerin, die bereits viel Erfahrung hatte, hat mir daraufhin einen erstaunlichen Rat gegeben: „Lassen Sie ihn solange trinken, wie er mag, auch wenn er seine Ration verdoppelt, er wird sich dann schon selbst regulieren."

„Nach einigem Überlegen ließ ich ihn dann zwei Fläschchen hintereinander trinken, was mich stark beunruhigte, und meinen Mann noch viel mehr: „Er wird fett werden ..." Während sieben oder acht Tagen hat er die doppelte Menge getrunken. Dann hat er schön langsam und zu unserer großen Erleichterung von sich aus die Trinkmenge verringert, auch wenn er immer noch ein „Vielfraß" war, manchmal sogar richtig gierig. Trotzdem bedurfte es einiger Telefonate mit der befreundeten Kinderpflegerin, um durchzuhalten. Sechs Monate später aß er nicht mehr als die Kinder seines Alters. Mit sieben Jahren ist er immer noch ein Kind, das gern ißt, aber er reguliert sich selbst; bei manchen Mahlzeiten hat er mehr Appetit als bei anderen, aber er schafft es, einen Nachtisch stehen zu lassen, den er eigentlich sehr gern hat. Er ist ein kleiner gelenkiger, schlanker Junge, dem man nicht mehr ansieht, wie rundlich er im Säuglingsalter war."

„Seit wir die Kinder ihre Essensrationen selbst wählen lassen, haben wir weder dicke noch appetitlose Kinder in unseren Krippen", sagen die Betreuerinnen, die vor neun Jahren diese Haltung übernommen haben.

Im umgekehrten Fall hören Sie auf, Ihr Kind zu füttern, wenn es Ihnen zu verstehen gibt, daß es genug hat. Es spricht eine Sprache, die Sie verstehen und berücksichtigen sollten; je mehr Sie diese verstehen oder verstehen wollen, desto mehr wird es zweifellos zu Ihnen „sprechen". (Ärzte, Großmütter oder Freunde werden Ihnen anderes vorschlagen, versuchen Sie, sich Ihre eigene Meinung zu bilden und diese zu befolgen.)

Der Arzt wird Ihnen eine durchschnittliche Menge angeben, aber Sie können sich dann so verhalten wie diese Mutter, indem Sie sich und Ihrem Säugling vertrauen. Lassen Sie ihn das zu sich nehmen, was er mag: Hören Sie auf ihn, wenn er nicht mehr will.

Diese Entdeckung ist nicht nur im Zusammenhang mit dem Gewicht des Kindes von weitreichender Bedeutung, sondern auch in anderer Hinsicht: „Indem wir so vorgingen, erzählte diese Mutter, ist mein Vertrauen in die Möglichkeiten meines Kindes enorm gewachsen. Ich glaube, daß sich meine ganze Auffassung vom Säugling dadurch geändert hat. Dieser Prozeß war erstaunlich und nützlich." Wenn der Initiative des Säuglings Raum gegeben wird, bekommt er die Möglichkeit, ein positives Bild von sich selbst zu entwickeln, sich selbst aktiv zu erleben. Er lernt, auf seinen Organismus und dessen Bedürfnisse zu hören und ihnen zu folgen. Dies ist ohne Zweifel von Wert für seine ganze Zukunft.

Im entgegengesetzten Fall sind gewisse Eßstörungen bei Säuglingen ein Zeichen dafür, daß sie ihren Energien nicht Ausdruck verleihen können.

Ich begegne im Spital der acht Monate alten Maria, die wegen Anorexie (Nahrungsverweigerung; der Säugling nimmt gar nicht oder nur wenig an Gewicht zu) seit acht Tagen in Behandlung war. Alle Untersuchungen waren negativ, und ich beobachte sie während einer Mahlzeit mit ihrer Mutter: Diese gibt ihr mit dem Löffel ein Joghurt, indem sie ihr die Arme festhält, „damit sie nicht alles überall verschmiert". Maria verweigert die Nahrung und wendet hartnäckig den Kopf ab. Wir sprechen eine Weile miteinander, die Atmosphäre entspannt sich, und ich schlage vor, zuerst einmal zu beobachten, was Maria macht, wenn man ihre Bewegungsfreiheit nicht einschränkt. Sofort ergreift sie den Joghurtbecher wie ein Glas und trinkt ihn gierig aus.
Die Arbeit mit dieser Mutter bestand lediglich darin, ihr zu zeigen, daß sie eine sehr frühreife und geschickte Tochter hatte, die ihre Eigenständigkeit einforderte. Und daß man überhaupt nichts dabei riskiert, wenn man sie ihre Fähigkeiten einsetzen läßt. Maria hat das Spital verlassen und nach zwei bis drei Wochen war ihr Appetit normal (psychologisches Nachgespräch beim Kinderarzt).

Nicht alle Fälle von Anorexie sind so leicht zu lösen, aber dieses Beispiel zeigt deutlich, zu welchem Protest ein energiegeladenes kleines Wesen fähig ist, wenn man ihm nicht die Möglichkeit gibt, seine Fähigkeiten entsprechend einzubringen.

Die Lust am Spielen mit der Nahrung

„Aber er wird mit den Händen im Teller mantschen und das ganze Essen überall verteilen!"

Darüber werden wir später sprechen.

Machen Sie sich keine Sorgen, die neurologische und motorische Reife wird ohne Ihr Zutun erreicht, und was heute noch nicht möglich ist, wird in einer Woche, in einem Monat möglich sein. Sicher ist, daß Ihr Kind es schaffen wird, sauber zu essen! Warum ist es so wichtig, ob dies mit 10 oder 15 Monaten der Fall ist, wenn nicht dem Ehrgeiz der Eltern zuliebe, der nicht viel mit dem Rhythmus des Kindes zu tun hat?

Also, noch einmal, vertrauen Sie ihm, verlangen Sie nichts von ihm, wozu es noch nicht fähig ist: Sie bereiten sich und auch ihm nur Kummer damit! Wenn Sie zu viel von ihm verlangen, dann kann es dazu kommen, daß Ihr Kind von sich den Eindruck gewinnt, „nicht gut genug zu sein, nicht weit genug zu sein".

Wenn es anfängt, den Löffel in die Hand nehmen zu wollen, kann das „ruhige" Kind einen haben, um ihn seinem Rhythmus entsprechend zu verwenden, während Sie selbst einen anderen benutzen, damit es auch satt wird.

Das „unruhige" oder noch etwas ungeschickte Kind kann auch einen Löffel bekommen, aber Sie halten den Teller. Wenn Sie ein Schüsselchen verwenden, ist es für das Kind leichter, das Essen auf den Löffel zu bekommen. Sie können ihm auch ein Stück Brot in die Hand geben, das es dann nach Belieben zum Mund führen kann. So kann es in einem akzeptablen Rahmen eine gewisse Autonomie erleben.

Aber so wie die Einstellung der Eltern unterschiedlich sein kann, sind auch zwei Kinder nicht gleich, und manchmal hat man das Bedürfnis, vor einem explosiven Kind davonzulaufen. Um solche konfliktgela-

denen Situationen in Grenzen zu halten, ist es günstiger, den Zeitpunkt abzuwarten, zu dem es eher fähig sein wird, mit Besteck umzugehen! Das Kind hat das Bedürfnis, größer zu werden und so zu handeln, wie es das bei anderen beobachtet; beunruhigen Sie sich nicht, werden Sie nicht zornig, und denken Sie nicht schlecht von Ihrem Kind.

Gefährliche Experimente dauern bei den meisten Kindern nicht sehr lange, wenn man ihnen klar zu verstehen gibt, daß es so nicht geht. Es ist nicht allzu schwierig, ihnen dann, wenn sie anfangen, im Teller „pantschen" zu wollen, zu sagen: „Nein, so nicht!", und den Teller in einiger Entfernung zu halten.

Statt dessen können sie bereits das Glas halten, den Kuchen und kleine Stücke mit den Fingern essen. Ihre Bewegungen werden mit der Zeit genauer und geschickter. Im allgemeinen verlieren sie dann das Interesse daran, ihre Finger ins Püree zu tauchen. Und wenn nicht, dann denken Sie daran, Ihr Kind außerhalb der Essenszeiten mit Wasser spielen zu lassen, in der Badewanne oder in einer großen Waschschüssel, es mit Sand matschen zu lassen, wenn es nicht zu viel davon in den Mund nimmt (auch hieran wird es im allgemeinen nach zwei oder drei Versuchen das Interesse verlieren).

Manche Erwachsene glauben, daß bei dem Spiel mit den Händen im Teller die Kinder die Nahrung besser kennenlernen.

„Ich dachte, daß mein kleiner Junge das Püree, den Quark, das Joghurt berühren müßte, um es dadurch kennenzulernen, nicht durch Herumspritzen. Er konnte daher beim ersten Mal, wo er dies wollte, den Finger ruhig ins Püree tauchen und den dadurch produzierten Effekt beobachten. „Gut! Jetzt weißt du, was das ist; das Püree ißt man mit dem Löffel und nicht mit den Fingern."
Nach ein oder zwei ähnlichen Erfahrungen und einigen mit ruhiger Bestimmtheit gesagten Worten war es vorbei. „Vielleicht hatte ich Glück ... aber ich mußte weder mein Gesicht abwischen, noch nach jeder Mahlzeit den Boden aufwischen."
Glück? Zweifelsohne ... Sie bekam dann nämlich noch einen zweiten Jungen, der ein anderes Temperament hatte. Er hat lange mit den Fingern gegessen: „Ich könnte drei Hühner füttern mit dem, was unter deinen Stuhl fällt", sagte sie zu ihm, wobei sie sich noch zu einem Lächeln zwang, um kurz darauf wütend zu schimpfen.

Kinder greifen das, was man ihnen anbietet, auf sehr unterschiedliche Art und Weise auf ... Was auch heißen mag, daß es immer gut ist, auszuprobieren!

Wir werden diesen Aspekt noch ausführlicher im Kapitel über das **Einhalten von Regeln** behandeln. Ich möchte Ihnen nur jetzt schon sagen, daß viele der Verhaltensweisen, die unseren Ärger provozieren, wieder verschwinden, ohne daß wir uns dessen wirklich bewußt werden (den Löffel zu Boden werfen, mit dem Essen matschen, zuviel davon in den Mund geben, und später das Badezimmer beim Baden zu überschwemmen). Eines Tages sagt man sich: „Nanu, ich streite mich deswegen ja gar nicht mehr." Nun, weil die Phase schon vorbei ist!

Das ist sehr beruhigend; zeigen Sie Ihrem Kind was Sie von ihm erwarten, sagen Sie ihm, was Ihnen nicht gefällt, und setzen Sie Grenzen, solange Sie noch gelassen sind. Machen Sie sich keine Sorgen: Ihr Kind will ja groß werden! Sie können ihm vertrauen. Es ist nicht immer Ihretwegen, wenn es Fortschritte macht!

Folgen Sie daher Ihrem Kind, ermöglichen Sie ihm, das zu verwirklichen, wozu es fähig wird und vergleichen Sie es nicht mit anderen Kindern, außer wenn es darum geht, interessiert die Besonderheiten jedes einzelnen zu beobachten. Wenn Sie es sehr eilig haben mit den Fortschritten Ihres Kindes, dann fragen Sie sich, warum!

Seien Sie sich im Klaren darüber, daß Kinder sehr abhängig sind von den Wünschen Ihrer Eltern. Sie werden das mehr und mehr beobachten, je älter die Kinder werden.

Da Erwartungen eine große Belastung darstellen und die Kinder spüren, daß es ihnen nicht gelingt, die Eltern zufriedenzustellen, leben sie in einem ständigen Mangel an Selbstvertrauen und man beobachtet:

- entweder eine Anstrengung, den Wünschen der Eltern zu entsprechen (mit der Tendenz, sich unterzuordnen);
- oder einen Widerstand um „sich selbst zu erhalten", angesichts dieses Wunsches, mit dem Risiko einer Entwicklungsverzögerung, zumindest in diesem speziellen Bereich, häufiger noch in allen Bereichen;
- oder ein Unwohlsein: Manche Kinder fühlen sich noch nicht in der Lage, ihre Eltern zufriedenzustellen und sind darüber traurig. Eine

junge Frau erinnert sich daran, wie schwer ihr die Gabel vorkam, wirklich schwer, als sie noch klein war und welche Vorwürfe sie sich machte, wenn sie ihr aus der Hand fiel.

Sie sehen, daß Sie dadurch Ihr Kind abhängig machen oder es verunsichern können, während es doch ein wenig später – hätten Sie es in Ruhe probieren lassen – ganz von selbst einen Erfolg erlebt hätte.

Denn letztendlich wird Ihr Kind allein aus dem Glas trinken, allein mit dem Löffel und dann mit der Gabel essen, und zwar ordentlich. Warum also einen Monat früher? Wenn Sie es drängen, fragen Sie sich ernsthaft, was Sie dazu treibt.

Während manche Eltern es nicht zulassen, daß Ihre Kinder ihr Können einbringen, sind andere ständig unzufrieden über die allzu langsamen Fortschritte. Das sind übrigens manchmal genau die Eltern, die gewisse Bereiche drosseln und in anderen ständig fordern.

Und sollten Sie Anhänger einer Erziehung des „Das muß doch gehen" sein, dann seien Sie sich bewußt, daß es genauso viel Gewinn für die Zukunft bedeutet, wenn man sein Kind wahrnimmt und sich mit ihm freut. *

● *Die Zusammenstellung der Mahlzeiten*

„Muß ein Kind von allem etwas essen?"

Eine ständig wiederkehrende Frage. Unserer Meinung nach ist es immer sinnvoll, ein Kind in seinen Entdeckungen zu unterstützen. Es anzuregen, neue Nahrungsmittel zu probieren, geht in diese Richtung. Ein bißchen beharrlich zu sein, wenn sich Ihr Kind zurückhaltend zeigt und im Wachsen ist, warum nicht? Aber wenn wir auf etwas beharren, dann halten wir uns gleichzeitig vor Augen, daß dies nicht einfach ist für das Kind und lassen wir es dabei unser Wohlwollen spüren.

Ist es wirklich sinnvoll, von einem Kind unter fünf bis sechs Jahren zu verlangen, alles zu essen? Der Geschmack ändert sich. Das, was ein Kind alle Tage bevorzugt hat, kann im nächsten Jahr schon wieder abgelehnt werden oder umgekehrt.

---

* Emmi Pikler hat bereits in den Familien und später im Lóczy das Eßbänkchen als Alternative zum Hochstuhl eingeführt (Anm. d. Ü.); Näheres dazu in: Miteinander vertraut werden.

Denken Sie immer daran, daß Ihr Kind von Natur aus neugierig ist und daher eines Tages kosten will: Vielleicht schmeckt es ihm dann? Übrigens, am ehesten, wenn das bei einem Freund stattfindet und nicht bei Ihnen zu Hause!

Ich erinnere mich noch an den Jubel meines vierjährigen Jungen: „Mama, jetzt schmeckt mir der Salat!" Wenn etwas mögen und neue Dinge ausprobieren als Leistung empfunden wird, dann machen Sie sich keine Sorgen: Der Tag wird kommen, an dem man Sie richtiggehend darum bittet.

Es ist nicht verboten, einige Zusätze zu probieren, um den Geschmack zu verändern: zuckern, salzen, ein bißchen Tomatensauce (ohne dabei ein Spiel daraus zu machen, um die Mutter auf Trab zu halten).

Da sich der Geschmack ja verändert, besteht nicht wirklich eine Gewöhnungsgefahr.

Eine Redensart, über die es sich lohnt nachzudenken
Wer unter uns hat noch nie einem Kind, das gerade sein Gemüse essen soll, mit theatralischer Überzeugung gesagt: „Hmmm! Wie gut das schmeckt!"

Wenn man darüber nachdenkt, kommt es einem fast lächerlich vor, besonders wenn sich dieser Ausruf noch dazu an ein Kind richtet, das sich nicht gerade mit Freuden auf sein Gemüse stürzt! Es ist doch das Kind, das ißt und wahrnimmt, was es ißt! Nur es kann wissen, ob es ihm schmeckt oder nicht!

Auf diese Weise versuchen wir, ohne uns dessen bewußt zu sein, es von etwas überzeugen zu wollen, was wir für gut halten und merken nicht, daß es um seinen und nicht um unseren Geschmack geht.

Zu ihm zu sagen: „Schmeckt dir das?" ist eine echte Frage, bei der Sie riskieren, eine negative Antwort zu erhalten.

Diese Frage zu stellen, ohne eine bestimmte Antwort zu erwarten, bedeutet, das Kind wirklich zu respektieren, es ganz konkret als eigenständigen Menschen wahrzunehmen, dem wir zugestehen, eine eigenständige Person zu sein, mit einem eigenen Geschmack und Vorlieben, die sich vielleicht von den unseren unterscheiden, und daß dies von uns sogar mit Interesse aufgenommen wird, als Teil seines persönlichen Reichtums.

Ich bin mir klar geworden, daß mit solchen Fragen auch ein Risiko verbunden ist. Da ich ja auch nicht wollte, daß meine Kinder mir erklären, die von mir zubereitete Mahlzeit sei nicht gut … vor allem, wenn das womöglich noch zutraf!

Gemüse nicht zu mögen soll aber deswegen nicht heißen, daß es davon nicht probieren kann. Bieten Sie Ihrem Kind immer wieder mal etwas Neues an zum Kosten, aber in entspannter Atmosphäre, die tatsächliche Entscheidungsfreiheit gewährt.

Wenn das Kind (das die Welt des Erwachsenen betritt und nicht umgekehrt) das von Ihnen zubereitete Essen nicht mag, geben Sie ihm statt dessen etwas Einfaches, das ihm schmeckt, und lassen sich nicht auf ein Spiel ein, das darin besteht, sukzessive alle Dinge zu probieren, um die es Sie bittet.

● **Die Zeiten**

„Muß man einem Kind regelmäßige Essenszeiten angewöhnen?"
Bei dieser Frage macht sich wieder unsere Umgebung und die von unseren Eltern erhaltene Erziehung bemerkbar. Trotzdem kann man sich rasch darüber klar werden, daß es widersprüchlich wäre, einem Kind hinsichtlich der Nahrungsmenge zu vertrauen, aber nicht was den Rhythmus angeht, in dem es seine Mahlzeiten einnimmt, solange es noch ganz klein ist. Diejenigen, die mit Säuglingen zusammenleben, werden Ihnen bestätigen, daß die Mahlzeiten, wenn die Säuglinge sie selbst bestimmen können, mit der Zeit regelmäßig werden. Es ist daher vorzuziehen, ein Neugeborenes und einen jungen Säugling nach Bedarf zu stillen oder zu füttern.

Aber mit fortschreitendem Alter wird auch die Organisation des Lebens immer wichtiger.

Je größer ein Kind wird: drei, fünf oder acht Monate, umso mehr wird es ins soziale Leben der Familie integriert. Seine Mutter ist dann schon ein bißchen weniger „allzeit bereit". Damit es allmählich selbständig wird, ist es notwendig, daß auch die Mutter ein eigenständiges Leben führt.

Es erscheint daher logisch, etwa mit vier bis fünf Monaten (oder früher, das müssen Sie entscheiden) zu beobachten, welche Zeiten der Säugling am häufigsten wählt und wie Sie sich damit arrangieren können. Dann setzen Sie diese Zeiten fest. Wenn er allzu sehr mit seinem Spiel beschäftigt ist oder sich anschickt, wieder in seinem Bett einzunicken, dann sind Sie es, die ihm das Essen anbietet, Sie warten nicht darauf, daß er danach verlangt.

Zwischen einer starren Haltung, die darauf besteht, einen Säugling zu füttern, „weil es Zeit ist" und der völligen Wahlfreiheit, bei der im Laufe des Tages nichts mehr organisiert werden kann, gibt es sicher noch einen goldenen Mittelweg, wo bestimmte Zeiten mit einem gewissen Spielraum vorgesehen sind.

Wenn einem Kind allzu lange völlige Freiheit gewährt wird, dann wird die Mutter zum „Objekt" dieses Kindes und unfähig, etwas zu planen. Ihr Ärger und beim Säugling das Gefühl von Allmacht, aus dem heraus er ja tatsächlich mit ihr macht, was er will, sind gleichermaßen gefährlich.

Zwischen der Zeit, in der man ganz für sein Neugeborenes da ist und einem bereits wieder mehr organisierten Leben gibt es eine Übergangsphase, die nicht immer leicht zu handhaben ist, weil man sich ständig fragt, was ist besser für einen selbst und was für das Kind, was ist vorzuziehen, z. B.: „Mache ich etwas Lärm, damit es aufwacht, oder lasse ich es solange wie möglich schlafen?" Dies ist einer der Momente, wo Ihnen ein Blick von außen ganz nützlich sein kann, nicht der Blick dessen, der Ihnen einen Ratschlag erteilen will als jemand, der es besser weiß als Sie, sondern der Blick desjenigen, der einem die Möglichkeit verschafft, auf Distanz zu gehen, vom Kind zu sprechen, seinen Essenszeiten, seinem Schlaf, seinem Spiel und ähnlichem und von dem, was Sie selbst gerne tun möchten, von Ihren Gefühlen, von den Fragen, die Sie sich stellen.

Auf diese Art und Weise können Sie sich von Ihren momentanen Emotionen etwas lösen, wie es vielleicht der Wunsch ist, es gut machen zu wollen, die Erschöpfung, der Ärger darüber, sich „angebunden" zu fühlen. Sie können dann etwas freier entscheiden, mit mehr Einblick in die Ursachen und mit etwas mehr Abstand.

Während Sie alles für die Pflege Ihres Säuglings tun, steht doch die Beziehung zu einer kleinen Person, die sich schon sehr klar äußert, im Vordergrund: Ihr Kind wird umso lebendiger und ausdrucksstärker, je mehr Sie es wahrnehmen, ihm zuhören und das, was es „sagt", berücksichtigen.

Ihre Aufmerksamkeit richtet sich dabei auf zweierlei:

– *zum einen, daß es ihm gut geht: Der Säugling ist völlig absorbiert von seinen Entdeckungen, ob sie das Leben an sich, seinen Körper, oder die Außenwelt betreffen, die er noch kaum von*

sich selbst unterscheidet; er legt den Grund für das Bild, das er
sich von sich selbst und vom Leben machen wird;
– zum anderen, daß Sie seine Initiativen so wahrnehmen, daß Sie
  so gut wie möglich darauf antworten können und sich dadurch
  in ihm ein Bewußtsein dafür entwickelt, daß seine individuel-
  len Äußerungen wichtig sind. Er wird merken, daß das, was von
  ihm kommt, interessant ist und als solches wahrgenommen
  wird.

All das wird ihn nicht daran hindern, mit der Zeit zu entdecken, daß er unter Menschen aufwächst, die schon vor ihm da waren und die genauso fortfahren, jetzt und unabhängig von ihm zu leben. Er ist nicht der Mittelpunkt der Welt, nach dem sich alles richten wird.

Ein Säugling ist mal mehr, mal weniger kooperativ. Wenn es Ihnen gelingt, etwas von dem umzusetzen, wovon wir gesprochen haben, ist anzunehmen, daß er vieles von seinen Fähigkeiten entwickeln wird. Sie lassen ihm so viel Raum wie möglich, um zu reagieren, seine Gefühle zu äußern und sich dabei innerlich zu festigen.

Ihre „Ungeschicklichkeiten" werden ihn nicht daran hindern, sich auszudrücken und ihn daher nicht allzu sehr beengen. Vielleicht gelingt es Ihnen, ihm einfach und natürlich zuzuhören, um Ihre Handlungsweise mit der Zeit zu verbessern.

Der Gedanke ist beruhigend, daß ein Säugling von Geburt an Ausdrucksmöglichkeiten hat, seine Entwicklungsschritte kundzutun, wenn man ihn wirklich verstehen will. Er nimmt aktiv an seiner Entwicklung teil, was soviel heißt wie daß nicht alles von uns, den Eltern abhängt, er trägt auch seinen Teil dazu bei. Wir sind zu zweit oder zu dritt, was seine Erziehung betrifft: wir und er. Lassen wir ihn daher seinen Teil übernehmen und seien wir um diesen Teil erleichtert.

3. Kapitel

Wach und für sich – Bewegungsfreiheit, selbstbestimmte Aktivität und Ausruhphasen

Wenn wir dem Säugling die Möglichkeit zur spontanen und freien Aktivität geben, können wir seine erstaunlichen Fähigkeiten, selbst tätig zu sein, besser kennenlernen. Dabei werden wir auch seine Freude, sein Interesse und den Eifer erleben, den er aufbringt, um sein Ziel zu erreichen.

Anna Tardos und Myriam David, „Un travail à l'Institut E. Pikler",
in revue *Devenir*, 1991.

Allein und für sich sein zu können ist eines der wichtigsten Zeichen für emotionale Reife.

D. W. Winnicot, *De la pédiatrie à la psychanalyse*, Payot, 1969.

Wir haben viel darüber gesprochen, was Ihr Säugling während der Pflege und den Mahlzeiten alles von Ihnen bekommt. Jetzt geht es darum, was er selbst alles erleben kann, wenn er wach ist und sich in einer gut vorbereiteten Umgebung befindet und dabei von all der Liebe und Aufmerksamkeit gesättigt ist, die Sie ihm gegeben haben.

„Alleine ..."
Eine überraschende Entdeckung: „Alleine ...", noch bevor das Kind es wirklich sagen kann.
Mittlerweile wissen wir, daß wir einem Kleinkind das Sitzen, Stehen und Gehen nicht beibringen müssen. Wenn es gefühlsmäßig im Gleichgewicht ist, wird sein innerer Entwicklungsdrang es ihm ermöglichen, all diese ersten größeren Errungenschaften zufrieden und manchmal sogar jubelnd selbst zu meistern – ohne daß der Erwachsene eingreifen muß, um sie ihm zu zeigen.

Unsere Beobachtungen

Diese Beobachtungen haben zuerst mein Erstaunen und meine Bewunderung hervorgerufen, um dann meine gesamte persönliche und berufliche Erfahrung zu bereichern. Konkret läßt sich folgendes feststellen:

● *In der Rückenlage sind alle Kinder aktiv*

In den ersten drei oder vier Monaten verbringt ein Säugling, der wach ist, auf dem Rücken liegt, viel Zeit damit, seine Hände und alle damit möglichen Bewegungen zu entdecken. Eines Tages wird er feststellen, daß die eine Hand die andere ergreifen kann, und er wird sich klar, daß es seine eigenen Hände sind, deren Bewegung er selbst hervorrufen kann. Nach und nach wird er sich für die Gegenstände interessieren, die sich rings um ihn befinden. Dabei ist es wichtig, daß Sie ihm diese nicht zu bald geben, um ihm nicht die Möglichkeit zu nehmen, all die Feinheiten seiner Handbewegungen zu entdecken. Wenig später wird er seine Hände nach diesen Gegenständen ausstrecken, um sie zu berühren, zu ergreifen und damit zu hantieren. Es wird einem klar, daß ein Säugling in der Rückenlage seine ganze Energie dafür einsetzen kann, da er sie nicht braucht, um sich im Gleichgewicht zu halten, und er seinen Kopf mühelos nach rechts und links drehen kann.

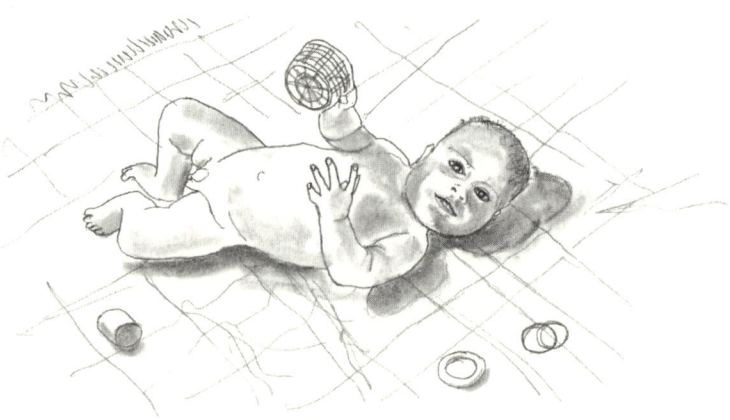

Unter diesen Umständen sind alle Säuglinge aktiv, und ihr Tun wird von selbst mit jedem Tag reicher. Wenn die Erwachsenen, deren notwendige Aufmerksamkeit und Liebe für das Kind wir schon erwähnt haben, ihre Kinder nicht zu irgendwelchen Leistungen antreiben und ihnen nicht immer irgendetwas beibringen wollen und ihnen nur in besonderen Situationen helfen, dann gibt es Erstaunliches zu beobachten: Die Kinder werden von einem inneren Drang beseelt, ihre Bewegungen, ihren Körper und die sie umgebenden Dinge zu erkunden. Man kann ein ständiges Sich-Weiterentwickeln in bestimmten aufeinanderfolgenden Phasen wahrnehmen, die allen Kindern gemeinsam sind.

Welche Verwunderung, aber auch notwendige Zurückhaltung spürt man, wenn man dem acht Monate alten Thomas zuschaut, wie er gerade anfängt, sich vom Rücken auf den Bauch zu drehen. Er streckt die Hand nach einer Giraffe aus, die er gerne haben möchte; sie befindet sich einige Zentimeter von seinen Fingerspitzen entfernt. Er streckt sich so weit es geht, kleine Schreie werden hörbar; die Giraffe ist immer noch zu weit weg. Mit seinen Fingerspitzen scheint er sie schon leicht zu berühren, aber er kann sie nicht ergreifen. Mit einer plötzlichen Hüftbewegung dreht er sich auf den Rücken, die Giraffe befindet sich nun auf seiner anderen Seite; seine Augen suchen nach ihr, er findet sie, streckt die Hand aus, aber sie ist immer noch zu weit weg.
Sein Blick ist gespannt, der ganze Körper ist beteiligt. Er fährt mit seinen Bemühungen fort, hat aber keinen Erfolg. Für einige Sekunden hält er inne, lutscht an seinem Fuß und rollt sich wieder auf den Bauch; er dreht sich ein bißchen um die eigene Achse und liegt plötzlich neben der Giraffe, die er nun erreicht. Er nimmt sie, lutscht an ihr, schüttelt sie und schaut dann rundherum, so als ob er zu verstehen versucht, wo sie auf einmal herkommt.
Es war ihm möglich, sein Vorhaben durchzuhalten, seiner Idee trotz Unterbrechungen zu folgen und sich wahrscheinlich auch schon ein Bild von diesem Ding zu machen, zu dem es ihn so hinzog. Es sah so aus, als ob er schon einen Plan hatte.

Und Max, sieben Monate alt, fängt an, auf dem Boden zu kriechen. Er erreicht eine kleine Seifendose aus gelbem Plastik. Ich beobachte ihn, wie er mit ihr auf den Boden klopft, dem Geräusch lauscht, wartet und wieder von vorne anfängt; er läßt sie los, sie rutscht davon, er streckt sich und krabbelt weiter, um sie erneut zu erreichen. Sein Blick bleibt an einer anderen Dose mit derselben Form hängen. Sie hat auch dieselbe Größe, aber eine andere Farbe. Man spürt, daß er intensiv nachsinnt; sein Blick geht von der einen Dose zur anderen; er schlägt die erste noch einmal auf den Boden, während sein Blick nicht von der anderen weicht; er hält inne, klopft sie wieder auf den Boden, irritiert wodurch? Durch den Eindruck, daß die Dosen sich ähnlich sind und sich dennoch unterscheiden? Durch ihr Geräusch? Oder durch die Bewegung der einen und die Reglosigkeit der anderen?

Maria lebt im Alter von neun Monaten im Kreis ihrer Familie. Sie kann schon allein aufstehen, wenn sie sich dabei an einem Tisch oder einem Regal festhält. Ich habe sie einige aufeinanderfolgende Tage beobachtet, an denen sie mehr als eine halbe Stunde durchgehend damit beschäftigt war, mit einem Ring die unterschiedlichsten Dinge auszuprobieren: Sie krabbelt auf dem Boden und läßt den Ring wegrollen, hält sich bei ihrem kleinen Tisch fest und steht auf, nimmt den Ring vom Boden auf, wobei sie sich nur mit einer Hand festhalten kann, legt den Ring an den Rand des Tisches, schaut ihm zu, wie er rollt und herunterfällt, holt ihn wieder, steht auf und legt ihn zurück auf den Tisch.

Jetzt kommt der Ring in der Mitte des Tisches zum Liegen und fällt nicht herunter. Willkürlich fährt sie mit dem Arm über den Tisch: Der Ring wird bewegt, fällt wieder und rollt etwas weiter weg. Maria läßt sich zu Boden gleiten, krabbelt auf allen Vieren und findet den Ring bei anderen Spielsachen wieder; sie kommt zurück zum Tisch, steht auf, reibt mit dem Ring auf dem Tisch, ohne ihn dabei loszulassen und klopft dann damit auf den Tisch. Ich konnte mehr als acht verschiedene Versuche zählen, die jeweils davon unterbrochen worden waren, daß sie sich auf den Boden herunterließ. Maria kümmert sich nicht um das, was rund um sie geschieht. Plötzlich, ihren Ring in der Hand, steht sie auf, während sie sich an der Mauer festhält und geht im ganzen Zimmer herum, immer mit dem Ring an der Wand reibend. Sie hört dem dumpfen Geräusch zu, geht auf den Balkon hinaus, indem sie sich bei der Balkontür festhält. Sie scheint den Unterschied wahrzunehmen, als der Ring das Glas berührt. Als sie auf die Terrasse gelangt, hört sich das Geräusch, das der Ring auf der Stein-

*mauer erzeugt, schrill an. Maria folgt der Mauer bis ans äußerste
Ende der Terrasse.*
*Diese Aktivität hat mehr als eine halbe Stunde gedauert. Präzise
Bewegungen – intensives Nachsinnen – die Harmonie der Bewe-
gungen und die Ernsthaftigkeit des Blicks waren erstaunlich. Die
Atmung ging zeitweise schneller, so als ob die Intensität des Er-
lebten größer würde.*

Kein Erwachsener hat diesen Kindern – die bei weitem nicht außer-
gewöhnlich sind – je etwas gezeigt oder vorgemacht. Alle Kinder, die
unter solchen Umständen heranwachsen, verhalten sich ähnlich.

● Jedes Kind hat seinen eigenen Rhythmus

Kinder erwerben sich die einzelnen Fertigkeiten in einer immer gleichen Reihenfolge, aber in einem für jedes Kind individuellen Rhythmus. Bei einem frühreifen Kind lassen sich nicht automatisch Pro-
gnosen für die Zukunft stellen noch zeigt es dadurch größere
Fähigkeiten.

*Die kleine Karin, fünf Monate alt, liegt auf dem Rücken. Ich beob-
achte sie sechs Minuten lang: Sie legt sich auf die Seite und versucht, etwas in Richtung Bauchlage zu kippen, was ihr aber nicht
ganz gelingt, weil der linke Arm unter ihrem Körper liegt; sie
schafft es nicht, trotz größter Anstrengung, ihn herauszuziehen.
Ihr Blick ist konzentriert, ganz nach innen gerichtet. Von Zeit zu
Zeit bewegt sie sich im ganzen und findet sich schließlich in der
Rückenlage wieder. Dann begibt sie sich mit einer Hüftbewegung
fast in die Bauchlage. In der sechsten Minute, als sie wieder einmal auf dem Rücken liegt, hat sie eine Schachtel mit rotem Muster entdeckt: Sie dreht sich um ihre eigene Achse, damit ihre
Hand sich der Schachtel nähern kann und fängt an, diese lallend
zu streicheln.*

Wir sehen, wie es ihr immer wieder gelingt, ihr Gleichgewicht zu finden, und zwar in einer Position, die ihr Sicherheit vermittelt.
Zwei Tage später schafft sie es, sich allein auf den Bauch zu drehen. Sich wieder in die Rückenlage zu begeben wird ihr noch einiges
mehr an Mühe abverlangen.

So wird sich ein Säugling allmählich immer öfter auf den Bauch drehen, dann versuchen zu krabbeln, sich anschließend in den abgestützten Seitsitz begeben, um sich letztendlich aufzusetzen.

Ein Kleinkind, dem niemand beim Sich-Aufsetzen geholfen hat, versucht dies solange, bis es ihm gelingt, sich selbst aufzusetzen. Anfänglich bleibt es nicht lange in dieser Position, es läßt sich sanft fallen, ohne sich dabei wehzutun. Sie werden Ihr Kind nun viele Male bei seinen Versuchen, sich aufzurichten, beobachten können, bis ihm dies immer besser gelingt. Zuerst wird es noch kein Verlangen danach haben, im Sitzen zu spielen, aber nach und nach, je sicherer es sich in dieser Position fühlt, wird es erst kurz, dann für immer längere Zeit zu hantieren beginnen.

Ich beobachtete Karin sehr gern. Drei Wochen später begab sie sich bereits in den abgestützten Seitsitz und verbrachte so lange Zeit, um mit verschiedenen Gegenständen zu spielen. Dann konnte ich beobachten, wie sie sich, zuerst nur manchmal, dann immer häufiger, aufrichtete, bis ihr Rücken senkrecht war. Für kurze Zeit saß sie auf ihren Fersen, um sich erneut wieder hinzulegen. Mehrere Male, in unterschiedlichen Abständen, richtete sie sich auf diese Weise immer wieder zum Sitzen auf. Das dauerte beim ersten Mal nicht lange: Sie fiel wieder auf die Seite, was sie aber nicht beunruhigte. Wieder auf dem Boden liegend, schien sie zu lächeln; wie vom eigenen Eifer mitgerissen, rollte sie sich auf den Bauch, stieß einen kleinen Ball an und blieb etwa drei Sekun-

den ruhig liegen. Dann begab sie sich abermals in den abgestütz-
ten Seitsitz, richtete sich auf und blieb wieder ein bis zwei Sekun-
den sitzen.

Welch eine Entdeckung für den Beobachtenden! Er kann nachemp-
finden, was es für dieses kleine Mädchen bedeutet, wie sein Selbstvertrauen wächst und die Fähigkeit, mit unbekannten Situationen
zurechtzukommen, sie auszuprobieren, ohne sich dabei in Gefahr zu
begeben.

Ihre Mutter war oft dabei und war tief bewegt von diesen neuen
Fortschritten, wobei sie sich immer zurückhielt, um nicht einzugreifen. Karin schien sehr glücklich durch diese Anwesenheit, äußerte
aber keine Wünsche. Sie war weiterhin aktiv, getragen von der ge-
meinsamen, intensiven und ruhigen Freude, ohne Anzeichen von
Abhängigkeit; dies hinderte sie aber nicht, sich in anderen Situationen den beschützenden Händen anzuvertrauen, in denen sie sich so
wohlfühlte.

In allen Krippen, wo die freie Aktivität der Kinder respektiert wird,
kann man beobachten, wie sich die Kinder, ohne jede Aufforderung
oder Ermunterung durch den Erwachsenen, entwickeln: Sie krabbeln
auf allen Vieren, sie versuchen, sich aufzurichten, aufzustehen und

suchen sich dazu Möglichkeiten zum Festhalten. Sie gehen an den Wänden entlang und benutzen alles, was ihnen zur Unterstützung dient; erst lassen sie eine Hand los, dann die andere, dann stehen sie frei und probieren ihre ersten Schritte! Welches Glück! Und welche Freude, die sie mit uns teilen möchten.

Und das alles, ohne daß sie dazu ermutigt worden sind. Auch Einzelkinder in den Familien entwickeln sich in demselben Rhythmus.

Im Laufe dieser Entwicklungen werden sie immer wieder erstaunt sein über die Ruhe und Leichtigkeit der Bewegungen. Das Kind ist bei seinem Tun ganz dabei und beachtet nicht, was rundherum geschieht. Auch seine Stimme, seine Mimik und die von der Anstrengung zeugenden Laute stimmen damit überein!

Sie werden auch erstaunt sein über den ziemlich langen Zeitraum zwischen dem Moment, wo das Kind eine neue Position selbständig erworben hat – wie z. B. das Sitzen – und dem Zeitpunkt, wo es in eben dieser Position anfängt zu spielen. Manchmal verstreichen einige Wochen. Schritt für Schritt assimiliert es seine neuen Errungenschaften, verfeinert sie und variiert sie bis ins Unendliche, wie wenn es alle diese Übergangspositionen auskosten würde. Erst wenn es sich in ihnen wirklich wohlfühlt, werden sie ganz selbstverständlich eingesetzt. Für das Kind scheint es natürlich zu sein, sich Zeit zu lassen, um mit einer neuen Bewegung oder Position völlig vertraut und eins zu werden.

Wir werden später noch sehen, daß diese Kinder, die sich bei ihren Bewegungen wirklich wohl fühlen, nie weiter gehen als es ihnen möglich ist, sie überschätzen sich nicht und tun sich auch nicht weh.

Es ist interessant, zu wissen, daß der Rhythmus, in dem die Fähigkeiten erworben werden, derselbe ist wie der von Kindern, die von den Erwachsenen stimuliert wurden. Der Zeitpunkt, zu dem Kinder bestimmte Stufen innerhalb ihrer großmotorischen Entwicklung erreichen, variiert sehr von Kind zu Kind. Sie können aber sensibel werden für die *Qualität* dieser Fähigkeiten: Beachten Sie, wie sicher und harmonisch das Kleinkind jede erworbene Fertigkeit ausüben kann.

In diesem Sinne können Sie folgendes unterscheiden, was das freie Gehen betrifft:
– erste freie Schritte unternehmen;
– zielgerichtet und sicher gehen.

Kinder mit der Möglichkeit zur freien Bewegungsentwicklung unternehmen ihre ersten Schritte manchmal etwas später, fangen aber dafür früher an, sicher zu gehen, und zwar mit Freude und Leichtigkeit.

● **Die Feinmotorik**

Sie werden erstaunt sein, mit welch mannigfaltigen und feinen Bewegungen die Säuglinge mit Dingen hantieren. Wir haben Thomas, Max und Julian beobachtet. Sie werden Ihrem eigenen Kind zuschauen.

Die Säuglinge beschäftigen sich zuerst nur mit einem Gegenstand, den sie mit einer Hand hin- und herbewegen: anschauen, berühren, zum Mund führen, drehen, entfernen, auf den Boden klopfen oder in die andere Hand geben. Sie werden beobachten, mit welch äußerster Feinfühligkeit sich ihre Finger bewegen, wie sanft und mit Fingerspitzengefühl sie zufassen, manchmal aber auch kraftvoll und zupackend.

Gegen Ende des ersten Lebensjahres werden die Aktivitäten immer vielfältiger: Der Gegenstand muß nicht mehr in der Hand gehalten werden, sondern das Kleinkind entfernt ihn, geht ihn suchen, dreht ihn, wobei es bis zum tatsächlichen Ende der Bewegung zuschaut. Es unternimmt denselben Versuch immer und immer wieder und berührt dabei den Gegenstand entweder mit den Fingerspitzen oder mit der ganzen Hand. Mittlerweile kann sich seine Aufmerksamkeit schon auf zwei Gegenstände gleichzeitig richten: Es schlägt den einen gegen den anderen, versucht, den einen in den anderen hineinzugeben (ohne auch nur irgendeine Vorstellung von der Größe zu haben), oder es nimmt sie abwechselnd in die Hand und dann gleichzeitig. Dabei scheint es beide oft zu vergleichen.

● **Wo die Intelligenz ihren Ursprung hat**

Ahnen Sie schon, in welchem Ausmaß die Entwicklung der Intelligenz hier in diesen senso-motorischen Aktivitäten ihren Ursprung hat und wie sehr der ganze Körper daran beteiligt ist? Der Gesichtsausdruck – ernst und konzentriert – zeigt deutlich, daß bereits hier das Nachsinnen seinen Anfang nimmt.

Aufgrund all dieser Erfahrungen, die nie vom Erwachsenen gestört werden sollten, entwickelt der Säugling Vorstellungen: Er merkt sich

z. B. das Aussehen des Spielzeugs, das er nicht mehr sieht, er stellt sich Fragen und fängt an, physisch, mit seinem Körper, Nähe und Entfernung einzuschätzen oder das Verschwinden von etwas wahrzunehmen genauso wie die Möglichkeit, es wiederzufinden; er erkundet die verschiedenen Qualitäten von Berührung, Gewicht, Widerstand, Geruch oder Geschmack. Er scheint bereits Pläne und Ziele zu haben. Er sucht selbst nach Lösungen und stellt fest, daß er tatsächlich welche finden kann! Eine erstaunliche Leistung!

Seine ganze Bewegungsenergie ist beteiligt bei dieser Art des „körperlichen Denkens", wie es genannt wird. Er wird es in dem Maße, wie sich seine Möglichkeiten und sein Experimentierfeld erweitern, immer mehr nutzen. Welch wertvolle Grundlage für seine gesamte geistige Entwicklung!

● Der Reichtum seiner emotionellen Erfahrungen

Während all der Zeit sind wir erstaunt über die Energie, Entschlossenheit und den Einsatz eines Kindes. Welch ein Reichtum und welch Vielfalt an emotionellen Erfahrungen manifestieren sich hier!

Oft begegnen wir seinem großen Interesse, einer Art innerem Vergnügen, aber da ist auch Zorn, Ärger oder Triumph, Siegesgeschrei oder Erleichterung – wenn es z. B auf der obersten Stufe angekommen ist oder endlich den begehrten Becher erreicht hat – manchmal auch Sorge, sogar Unruhe, weil es sein Spielzeug, das es gerade noch in der Hand hielt, nicht mehr sieht, sowie Erstaunen und Erleichterung, wenn es wiedergefunden ist.

Wir werden später noch sehen, daß auch die Gefühle, die durch Erlebnisse anderer Art ausgelöst werden wie Freude, Erschöpfung, Traurigkeit oder Aufregung sich bei diesem freien Spiel ungehindert äußern können, und wie Kinder sich selbst Erleichterung verschaffen können.

● Die Fähigkeit, eigene Bedürfnisse zu spüren

Wir beobachten außerdem, daß diese ganzen Aktivitäten von Ruhephasen begleitet werden: Immer wieder legt sich der Säugling zwischendurch hin, dehnt sich und streckt sich, legt dabei öfters den Kopf auf den Boden, einmal mehr, einmal weniger lang, und hantiert dann anschließend mit demselben oder einem anderen Gegenstand.

Während all dieser feinmotorischen Tätigkeiten, die manchmal ziemlich lange dauern, verändert das Kind mit großen Bewegungen häufig seine Lage oder Position: Es legt sich auf den Bauch, dann wieder auf den Rücken, dreht sich um seine eigene Achse oder legt sich auf die Seite, indem es sich auf den Ellbogen stützt und ähnliches. All das hindert es nicht daran, sein Tun fortzusetzen; im Gegenteil, es scheint sich dabei im ganzen zu entspannen.

Es handelt sich hier um eine weitere Entdeckung: Die Fähigkeit zur Selbstregulierung, von der man nicht wußte, daß Säuglinge darüber verfügen, ermöglicht es ihnen, zwischen Aktivitäts- und Erholungsphasen selbst zu wechseln.

Der anwesende Erwachsene kann das Wiederaufnehmen der Tätigkeit beobachten und respektieren. Wenn die Unterbrechung länger andauert, ist das meist ein Zeichen von Müdigkeit. Dafür ist das Bett der beste Ort. Wir können dem Säugling das dann erklären: „Ich glaube, du bist müde und brauchst ein wenig Schlaf, darum lege ich dich in dein Bett."

Dies ist ein weiteres erstaunliches Phänomen dafür, daß Säuglinge spüren, was der eigene Organismus braucht:
– die Fähigkeit, genau die richtige Menge an Nahrung zu sich zu nehmen, von der wir schon gesprochen haben;
– der Wechsel, den wir später noch beobachten werden, zwischen Zeiten lebhaft lärmender Aktivität und friedlich stillen Momenten (diese können aufgrund ihres starken Kontrasts manchmal großes Erstaunen hervorrufen: „Warum bist du so aufgekratzt, wo du gerade noch so ruhig warst?").
Es ist die Selbstregulierung eines kleinen Menschen, der gleichzeitig die Möglichkeit intensiven Überlegens in sich trägt sowie eine pulsierende manchmal überschäumende Energie.

Die Kenntnis hiervon kann uns helfen, bisweilen überraschende Rhythmen zu akzeptieren. Vor allem aber kann es uns lehren, dem individuellen Rhythmus unseres Kindes zu folgen, ihn zu respektieren. Welch ein Wert für die Gegenwart wie für die Zukunft: auf seinen Organismus hören zu können, schlafen zu gehen oder sich auszuruhen, wenn man das Bedürfnis danach verspürt und nicht nur, wenn die Eltern es verlangen.

Später sind diese Kinder vielleicht bereiter, die Bedürfnisse ihres Organismus wahrzunehmen und darauf Rücksicht zu nehmen als jene Kinder, für die die Eltern, zweifellos mit viel Hingabe, jede Entscheidung getroffen haben.

● *Eine innere Sicherheit*

Dadurch daß sie ihre eigenen Bedürfnisse wahrnehmen und sich entsprechend verhalten, erlangen Kinder eine innere Sicherheit, die ohne Zweifel zum Teil diese Ruhe und Gelöstheit erklärt, die uns in Erstaunen versetzen.

Erinnern Sie sich an Karin, als sie anfing, sich auf den Bauch zu drehen. Zahlreiche solcher Beobachtungen zeigen uns, daß ein Säugling, bei der etwas unangenehmen Erfahrung, auf der Seite, nicht mehr so recht im Gleichgewicht zu sein, spürt, daß er jederzeit selbst wieder in die bequeme und ihm vertraute Rückenlage zurückkommen kann – was er ja auch macht. Unzählige Male wiederholt er diesen Vorgang. Er findet dabei sein Gleichgewicht immer wieder und ist sich dessen sicher, da es immer so ist. Alle Kinder führen mit der Zeit immer schwierigere Bewegungen durch, aber immer nur um ein weniges schwieriger, nie über den Punkt hinaus, wo sie sich nicht mehr sicher wären, ihr Gleichgewicht selbst wiederzufinden.

Sie sind umso ruhiger, je weniger sie von jemand anderem abhängig sind, um die ihnen angenehme Lage wiederzufinden. Sie haben in der sicheren Gegenwart des Erwachsenen gelebt, hier machen sie jetzt die Erfahrung einer anderen Sicherheit, die sie sich selbst schaffen.

Sie werden das gleiche beobachten, wenn ein Säugling auf der Seite liegt und sich noch nicht allein aufsetzen kann: Er begibt sich in den abgestützten Seitsitz und richtet sich weiter auf, bis er mit dem Gesäß auf den Fersen sitzt, dann legt er sich wieder hin. Kinder, die diese Freiheit haben, erheben sich viele Male von neuem, immer ein bißchen höher, bis zu dem Punkt, wo der Körper aufrecht ist und sie sich sitzend wiederfinden, was zunächst nicht lange währt. Vielleicht fallen sie wieder auf die Seite, aber da sie dieses Fallen schon kennen, beunruhigt es sie nicht. Sie finden sich im Liegen wieder, bereit, es noch einmal zu probieren. Sie brauchen keinen Erwachsenen.

Hinfallen, selbst wenn sie sich schon zum Stehen aufgerichtet haben, gehört sehr bald zu ihren täglichen Erfahrungen: Sie können weich fallen, meist indem sie sich zur Seite neigen, den Kopf ein we-

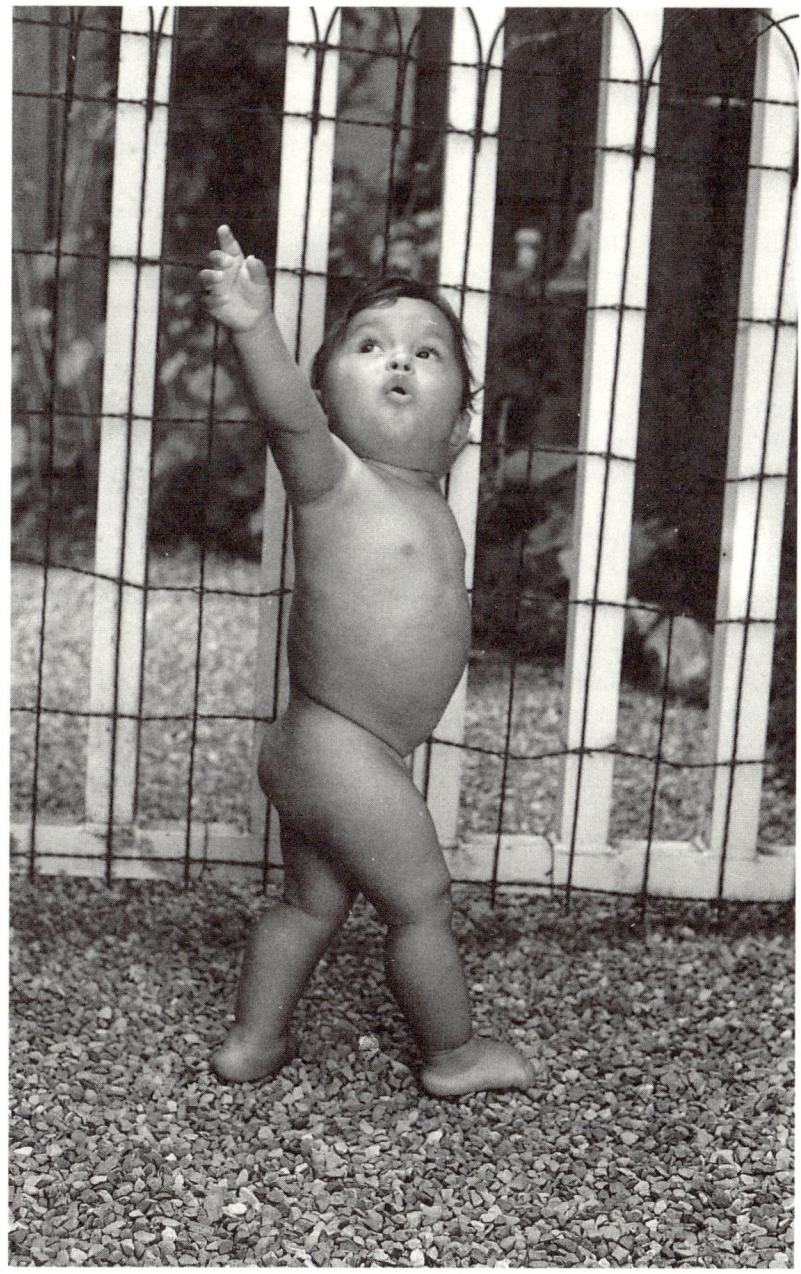

nig zwischen die Schultern gezogen. Sie weinen wenig beim Fallen und tun sich selten weh.

Es bedarf vielleicht keiner zusätzlichen Erklärung, damit Sie spüren, was das für Kinder bedeutet: Selbstvertrauen und die Fähigkeit, kleine Risiken auf sich zu nehmen, die sie nicht in Gefahr bringen.

Der Erwachsene kann in ihrer Nähe sein, von jeder dieser neuen Entdeckungen freudig bewegt. Das Kind scheint sehr glücklich zu sein, wenn man es in solchen Situationen beobachtet, eine im stillen geteilte Freude, keine Abhängigkeit. Es ist das Gegenteil von einsam sein: Das Gefühl aufmunternder Bewunderung, das es sehr wohl spürt, nährt es und verleiht ihm ein intensives Glücksgefühl über seinen beweglichen Körper – aber es ist sein eigener Körper, nicht einer, der von den Erwachsenen manipuliert wurde.

Neben dem Erwachsenen ist es doch völlig es selbst.

Ein Kind ist fähig, sich selbst aufzusetzen, ohne daß jemals irgendjemand es in diese Position gebracht hat, es ist fähig, aufzustehen, ohne aufgestellt worden zu sein und allein zu gehen, ohne daß man es ihm beigebracht hat.

Nie (oder fast nie, nichts ist absolut!) hat ein Erwachsener diesen beobachteten Kindern vorgeschlagen, etwas zu tun, wozu sie noch nicht fähig waren. Es wurde keinem von ihnen gesagt: „Komm, probier es noch einmal." Nie sind sie aufgefordert worden, ein vom Erwachsenen vorgeschlagenes Ziel zu erreichen: „Schau diesen Ball an, wie schön er ist, komm, hol ihn ... komm, aber ja, noch einmal ..."

Es ist dies eine wirklich unglaubliche Entdeckung, und trotzdem wurde sie viele Male beobachtet:
Schon die ganz kleinen Kinder haben eine solch innere Dynamik, daß sie, wenn ihnen die Umgebung dazu die Möglichkeit bietet, von einer Erfahrung zur nächsten gehen und sich zuverlässig und harmonisch weiterentwickeln, mit einer Bestimmtheit, die jeden Beobachter in Erstaunen versetzt.

Solange Erwachsene diese besondere Einstellung Kindern gegenüber noch nicht hatten und sich nicht dementsprechend verhielten, war man nicht sicher, daß Säuglinge über diese Fähigkeit verfügen. Die Kinder, von denen wir dies lernten, waren nicht bevorzugt, da sie in einem Säuglingsheim aufwuchsen, und ihre Eltern sich nicht um sie kümmern konnten oder nicht wollten.

Wir werden am Ende des zweiten Bandes sehen, wie es unserer menschlichen Natur entspricht, ein so einzigartiges Potential mitbekommen zu haben, und wie eine innere dynamische Kraft uns unser ganzes Leben lang treibt, diesen inneren Reichtum zur Geltung zu bringen und auszudrücken. Potential und Energie sind schon beim Neugeborenen vorhanden und verlangen danach, sich entfalten zu können!

Also, beobachten Sie Ihren Säugling und machen Sie Ihre Erfahrungen, Sie werden sehen, daß es sich lohnt, ihm zu vertrauen.

Bewegungsqualität und andere Eigenschaften bei Kindern, die sich selbständig entwickeln

Fotos und Filme geben natürlich weit mehr als Worte einen Eindruck von der Leichtigkeit ihrer Bewegungen (s. Angaben im Anhang).

● *Die Harmonie der Bewegungen*

Zunächst einmal ist man fasziniert von der Anmut dieser Kinder und der Vollkommenheit ihrer ruhigen, umsichtigen und sicheren Bewegungen. Sie sind wunderbar aufrecht und haben beim Gehen beide Füße gut auf dem Boden. Sie fallen kaum, denn sie haben seit ihren ersten Bewegungen gelernt, auf sich selbst und ihr Gleichgewicht zu achten. Auch kann man beobachten, daß sie sich (fast) nie in eine für sie schwierige Situation begeben. Sie haben in allen Lagen und Positionen mit ungestörter Aufmerksamkeit vielfältige Erfahrungen gesammelt, die ihnen halfen, sich dessen mehr und mehr bewußt zu werden, was in ihnen vorgeht.

Welch ein Gewinn für die Zukunft! Beobachten Sie im Gegensatz dazu manche Erwachsene: diejenigen, die ihren Kindern schon helfen, bevor diese noch irgendetwas begonnen haben, oder jene, die schon von vornherein Angst haben, daß ihr Kind fallen könnte, oder die anderen, die unaufhörlich verbieten: „Lauf nicht, sonst fällst du hin!" Sie werden sehen, daß überbehütete Kinder und jene, denen dauernd geholfen wird, sich manchmal in Abenteuer stürzen, die sie nicht abschätzen können. Der Erwachsene ist dann natürlich verpflichtet, solche Kinder ständig im Auge zu behalten, da sie sich eventuell in echte Gefahren begeben.

Eines der Kleinkinder probiert sein Gleichgewicht an der Kante einer kleinen Kiste aus. Das andere, 15 Monate alt, hat sich schon sehr bald und allein mit dieser Leiter vertraut gemacht.

Julian befand sich im Alter von 22 Monaten an einer bretonischen Küste, wo er sofort anfing, auf Felsen zu klettern, die um einiges höher waren als er selbst. Seine Ruhe und Entschlossenheit dabei, genauso wie sein Triumphieren, kamen völlig unerwartet für seine Eltern, da ihm dies noch nie jemand vorgemacht hatte. Natürlich begleiteten ihn seine Eltern, aber er verlangte nie nach Unterstützung. Es war erstaunlich zu beobachten, wie er angesichts eines viel zu hohen Felsens – der noch dazu keine ihm ausreichend erscheinende Haltemöglichkeit bot – sich nicht darauf versteifte, ihn zu erklettern, sondern einen anderen Weg suchte. Er ließ sich erst dann heruntergleiten, als er den Boden in Fußnähe gesehen hatte. Dieses Abenteuer hat er mehrere Male wiederholt und war

völlig erstaunt über den Anblick eines kleinen Alpinisten, der hohe Wände hinaufkletterte, viel höher als er selbst: „Oh ... schwer ... oh ... schwer."
Der besorgte Vater, war immer in der Nähe des Kindes, bereit, einen Ausrutscher abzufangen, ohne jedoch einzugreifen, und Julian schien ihn nicht zu bemerken.

● **Ein sehr genaues Körperbewußtsein**

Diese Kinder, die eine Fülle von Erfahrungen machen, entwickeln ein sehr gutes Körpergefühl. Sie stoßen nicht an oder nur sehr selten und können sich mit viel Geschick und ohne sich weh zu tun unter Tischen und Stühlen bewegen, wobei ihre Raumwahrnehmung immer genauer wird.

Die 14 Monate alte Nicole fängt gerade an zu gehen: Sie durchquert ein Zimmer, während sie einen Besen fast waagrecht in der Hand hält, ohne etwas zu beschädigen und trägt ihn durch eine normal große Tür hinaus, ohne dabei an die Türpfosten zu stoßen.

Die Kinder sind sehr aufmerksam für alles, was bei den Bewegungen in ihnen und um sie herum geschieht, und ihre Entdeckungen sind erstaunlich.

Julian ist zwei Jahre alt und entdeckt zum ersten Mal eine Schaukel. Seine Mutter läßt ihn ganz alleine hinaufklettern. Dazu braucht er schon eine ganze Weile, dann schubst sie ihn ein einziges Mal leicht an, damit er dieses Schaukeln kennenlernt. Sie bleibt neben ihm und läßt ihn sich alleine zurechtfinden. Er bewegt sich mit seinem ganzen Körper und versucht, dadurch die Schaukel in Bewegung zu versetzen, daß er seinen Fuß auf den Boden streckt. Nach und nach ist er daraufgekommen, wie er selbst schaukeln kann; ganz allein hat er dieses Zusammenspiel der Bewegungen von Rücken und Beinen entdeckt.

● **Das Kind kann sein Können richtig einschätzen**

Wir haben gesehen, daß ein Kind, das seine Bewegungen im eigenen Rhythmus selbst entwickeln kann, sich selten in gefährliche Situationen begibt, die es nicht beherrscht. Man bemerkt, daß es seine Fähigkeiten spürt und diese nicht überschreitet:

Der acht Monate alte Julian erkundet die erste Stufe einer improvisierten Treppe *. *Es gelingt ihm, hinaufzuklettern, und er erreicht die zweite, berührt sie mit seinen Händen und klettert sofort wieder auf den Teppichboden zurück. Mehrere Tage hintereinander erkundet er dies, ohne auf den gepolsterten Stuhl, die zweite Stufe sozusagen, hinaufzuklettern. Erst drei Wochen später traut er sich hinauf, richtet sich dort auf und versucht, auf der anderen Seite, wo keine Zwischenstufe ist, hinunterzuklettern. Bäuchlings auf dem Stuhl liegend, reicht er mit seiner Hand nach unten und versucht, den Boden zu berühren. Es gelingt ihm nicht, also läßt er sich langsam auf die erste Stufe, dann auf den Boden gleiten. Er stürzt sich nicht ins Leere. Zwei Tage später ist er wieder auf dem Stuhl und erreicht den Boden mit seinen Fingerspitzen. In diesem Augenblick läßt er sich ganz sanft auf der Seite heruntergleiten, auf der er keine Zwischenstufe hat. Seine Hände kommen nach und nach auf dem Boden an, und es gelingt ihm so, herunterzukommen.*

Derselbe Junge kommt mit zehn Monaten in ein ihm unbekanntes Haus. Er geht noch nicht, sondern krabbelt auf allen Vieren auf dem großen Flur, von dem eine Steintreppe nach unten führt. Er nähert sich der ersten Stufe, beklopft sie mit seinen Händen und stellt einen Fuß darauf. Er scheint etwas verwirrt und beunruhigt zu sein. Er krabbelt wieder auf den Flur zurück und probiert so mehrere Male die erste Stufe aus. Er scheint große Lust zu haben, hinunterzugelangen, aber trotzdem krabbelt er jedes Mal wieder nach oben. Mehrere Tage lang nähert er sich dieser ersten Stufe, schaut nach unten, plappert vor sich hin, so als ob er sagen wollte, daß er wirklich Lust hätte, sich hinunterzubegeben, aber daß es jetzt noch zu schwierig ist, und er kehrt wieder auf den Flur zurück. Er würde sich nie ins Leere stürzen.

---

* Ich werde Ihnen später Beispiele dafür geben, wie Sie selbst einfache Anordnungen bei sich zuhause treffen können (s. 4. Kap.): Hier handelt es sich um zwei Stufen, für die eine volle Waschmittelpackung vor einen niedrigen, möglichst breiten Stuhl gestellt wird.

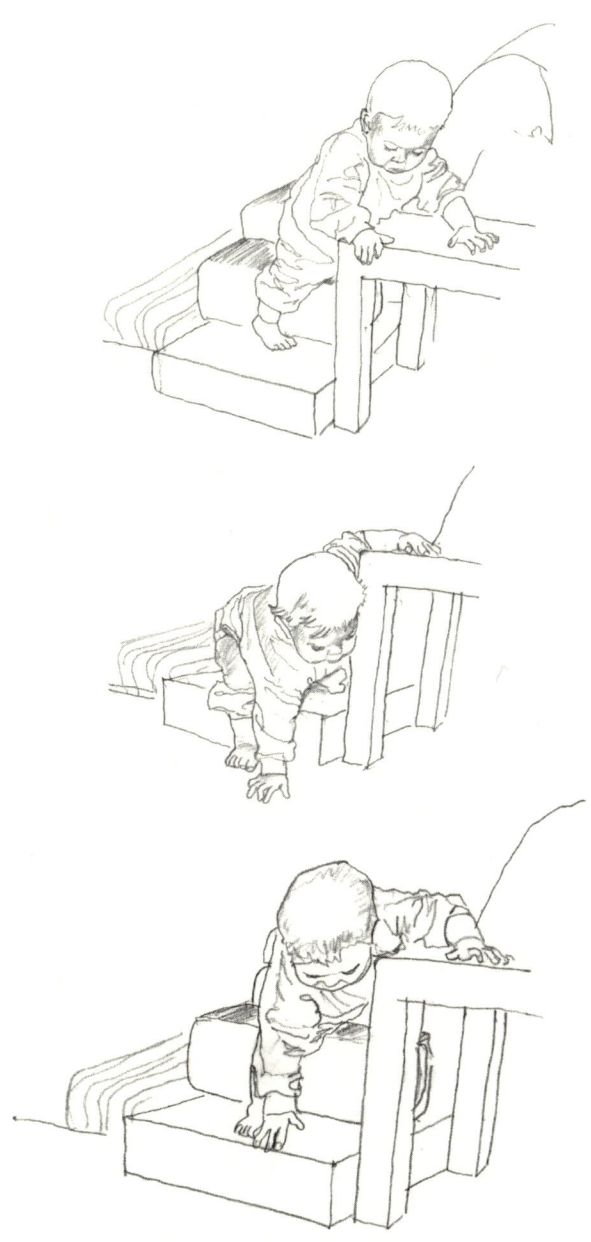

Beobachten Sie, wie konzentriert und umsichtig sich dieses Kind bewegt.

Hier sieht man, wie Kinder, die auf diese Weise aufwachsen, auffallend umsichtig und zufrieden sind (wir werden darauf zurückkommen). Sie haben sehr wenig Unfälle. Das Säuglingsheim Lóczy ist hierfür ein beeindruckendes Beispiel. In den 50 Jahren seines Bestehens, während denen sehr genaue Beobachtungen gemacht wurden, gab es nur ein Kind, das sich bei einem Sturz etwas gebrochen hat. Da es bei der Aufnahme in das Säuglingsheim bereits alleine gehen konnte, war es nicht in den Genuß all dieser persönlichen Erfahrungen gekommen.

Wenn diese Kinder fallen – was ziemlich selten vorkommt, aber nicht ausbleibt – beobachtet man, daß sie ihren Kopf bereits reflexartig schützen, indem sie ihn gewissermaßen zwischen die Schultern ziehen. Aufgrund ihrer Geschmeidigkeit, besonders im Rumpfbereich, und der erstaunlichen Koordination ihrer Bewegungen, tun sie sich weniger weh als andere Kinder.

● **Wenig Mißerfolge**

Diese Kinder erleben selten einen Mißerfolg, da sie sich keine unerreichbaren Ziele setzen (dieses Gefühl verleihen wir ihnen höchstens, wenn wir sie dazu auffordern, zwei Stufen hinaufzugehen, sich aufzurichten, oder vom Sofa herunterzusteigen, auf das wir sie hinaufgehoben haben).

Sie selbst wollen die Dinge erkunden, und in dem Maß, wie sie ihre Umgebung erforschen, verbessern sie ihre Fähigkeiten. Dadurch wird es ihnen möglich, immer weiter und weiter zu forschen. Diese Kinder sind selten derartig beschämt oder zornig wie diejenigen, von denen immer viel verlangt wird und die daher sehr verärgert sind, wenn ihnen etwas mißlingt.

Es gibt einen sehr schönen Film über einen kleinen Jungen, der sich zum ersten Mal völlig frei, ohne sich abzustützen, mitten im Zimmer aufrichtet. Die Szene dauert 13 Minuten: Der Kleine steht und fällt immer wieder hin, zuerst noch mit einem relativ ernsten Gesichtsausdruck, dann lächelt und strahlt er immer mehr und scheint wirkliches Vergnügen daran zu finden.
Die Mutter, die ihn diskret dabei gefilmt hat, hat überhaupt nicht eingegriffen, auch ihre Blicke sind sich nicht begegnet. Der kleine Junge hatte unglaubliche Freude bei seinen Versuchen, wobei er

sicher die Gegenwart seiner Mutter spürte, als eine Art stille Ver-
bindung, die nicht das Geringste mit Stimulation zu tun hatte.
Dieser Kleine hatte noch nie erlebt, daß ihn ein Erwachsener an
der Hand genommen hätte, um ihm beim Aufstehen zu helfen
noch ihn ermuntert hätte, es allein zu probieren.

So gesehen geht es hier nicht um ein Bewerten des Könnens der Kinder. Sie sind zufrieden, da sie genau das tun, wozu ihre Energie sie
drängt. (Wir werden im folgenden Kapitel noch von der bedeutenden
Rolle des Erwachsenen sprechen, die ihm bei der Vorbereitung der
Umgebung zukommt.) Zweifellos verspüren sie seltener das Gefühl
von Unvermögen als jene, die ständig von ihrer Umgebung stimuliert werden. Der Großteil dieser Kinder ist ruhig, unabhängig, alles
in allem ein angenehmer Lebenspartner.

Da sie es nicht gewohnt sind, daß sich ein Erwachsener ständig ein-
mischt und eingreift, außer natürlich in wirklich schwierigen Situationen (aber in solche begeben sie sich ja kaum), sind sie selbständig
und nicht immer den Erwachsenen auf den Fersen. Sie schreien nicht
gleich um Hilfe, wenn sie beim Laufen im Garten hinfallen oder
wenn sie auf einen höheren Felsen geklettert sind. Zuerst schauen
sie und suchen selbst nach einer Lösung. Sie mögen die Begleitung
des Erwachsenen und spielen oft mit ihm oder neben ihm, aber sie
klammern sich nicht an ihn, quengeln nicht dauernd herum und versuchen nicht, um jeden Preis die Aufmerksamkeit des Erwachsenen
auf sich zu ziehen.

● *Konzentrierte Aufmerksamkeit und Kreativität*

Die Fähigkeit, sich zu konzentrieren, Ihr Interesse am Experimentieren, ihr Vorstellungsvermögen bei der Suche nach Lösungen, ihre
Lust, etwas zu schaffen und ihr Erfindergeist verschaffen ihnen auch
in intellektueller Hinsicht eine gute Basis für die Zukunft.

● *Die Fähigkeit, allein zu sein*

Wir beobachten auch immer wieder, wie diese Kinder zu der außergewöhnlichen Fähigkeit kommen, allein sein zu können in Gegenwart eines anderen. Sie sind glücklich, daß der andere da ist, aber sie

sind in keiner Weise von ihm abhängig. Sie leben und schöpfen aus sich selbst. Gibt es für soziale Beziehungen mit anderen Kindern und Erwachsenen eine bessere Vorbereitung als frei zu sein von den sonst so üblichen Abhängigkeitsgefühlen oder dem Machtstreben!

Sicherlich verfügen viele andere Kinder auch über diese Eigenschaften, ohne auf besondere Art und Weise erzogen worden zu sein, und man begegnet vielen, die später auch geschickt, einfallsreich und konzentriert sind. Umgekehrt zeigen manche Kinder, die in Familien oder im Heim aufwuchsen, wo man diese Überzeugung teilte, später nicht diese Eigenschaften, da persönliche Faktoren (die einen sind von Geburt an sehr aufmerksam und ruhig, andere wieder ungestüm und ungeduldig) und vor allem die Familiengeschichte und bestimmte Ereignisse im Leben (Gesundheit, Trennungen, Veränderungen, etc.) auch eine große Rolle spielen.

Warum ich aber das Bedürfnis habe, Ihnen diese Entdeckungen mitzuteilen, hängt damit zusammen, daß es gut ist, einem Kind dadurch mehr Möglichkeiten zu eröffnen. Es verfügt über mehr Selbständigkeit, Vertrauen zu sich selbst und seinen Fähigkeiten, und wird höchstwahrscheinlich auch mehr Kraft haben, unausweichlichen Schwierigkeiten oder unseren Unzulänglichkeiten zu begegnen.

Wir möchten doch jedem Kind die Voraussetzungen bieten, sein individuelles Potential am besten entwickeln zu können; dies umso mehr, je schwieriger die Lebensgrundlage für ein Kind ist. Es gibt Kinder und Familien, die vom Schicksal verwöhnt worden sind und wo alles letztendlich gut geht. Aber es gibt auch solche, die nicht auf Rosen gebettet sind, für die das Leben schwierig ist, und vor allem für sie wollte ich dieses Buch schreiben.

Beim internationalen Lóczy-Kongreß 1991 in Budapest hat eine deutsche Vortragende gezeigt, welch gute Resultate sie nach diesen Prinzipien in der Arbeit mit behinderten Kindern erzielt. Ebenso wie andere Kinder verfügen auch behinderte über diese Lebensenergie und das Bedürfnis, selbst ihre Möglichkeiten zu entwickeln; diese sind zwar anders, aber genauso real. Wir werden darüber am Ende dieses Kapitels noch gesondert sprechen.

Was ist nun konkret die Aufgabe der Eltern?

Vielleicht haben Sie jetzt den Eindruck, es bleibe Ihnen nicht mehr viel zu tun übrig. Aber, *„man hat doch solche Lust, einem Kleinen alles beizubringen"*, wird mir oft gesagt. Trösten Sie sich! Das Kind auf *seinem* Weg zu begleiten, erfordert unglaublich viel Aufmerksamkeit Ihrerseits. Vier goldene Regeln sollen Ihnen zeigen, was noch zu tun bleibt: sehr konkrete, praktische Verhaltensweisen und eine innere Einstellung.

Es ist keineswegs einfach, einem Kind so zu vertrauen und kann manchen Eltern erstaunlich erscheinen. Im täglichen Zusammensein mit einem Säugling lernen wir uns manchmal in einer Art und Weise kennen, die uns ziemlich neu ist. Sie werden sehen, daß diese goldenen Regeln für alle Situationen gültig sind, ob Sie Ihr Kind jetzt selbst erziehen oder ob es tagsüber in einer Krippe oder bei einer Tagesmutter untergebracht ist.

> Ein kleines Kind kann, wie gesagt, eine solch selbständige Aktivität nur dann entwickeln, wenn es in einer vertrauensvollen und zärtlichen Beziehung lebt. Dies ist im allgemeinen jene zu den Eltern – oder auch zu Personen, die diese Rolle einnehmen, unter der Voraussetzung, daß diese aufmerksam genug sind.
>
> Nach diesen intensiven Momenten der Begegnung während der Pflege trägt es eine Kraft in sich, die es ihm ermöglicht, von sich aus tätig zu werden. Je älter es wird, desto länger.
>
> Über einen langen Zeitraum werden sich diese Momente der besonderen Begegnung in Pflegesituationen abwechseln mit jenen, wo das Kind, welches – noch getragen von dem Fluidum seiner Mutter, seinem Vater oder seiner nächsten Bezugsperson – sich selbst und seine Umgebung, allein und unabhängig, entdeckt.

Alles, was die Vorbereitung der Umgebung betrifft, die Wahl der Spielsachen und Gegenstände, mit denen es experimentieren könnte – dieser wichtige Aspekt wird Gegenstand des folgenden Kapitels sein.

Hier folgen nun diese „goldenen Regeln", durch die Sie in Ihrer Einstellung unterstützt werden, wenn Sie Ihrem Kind eine freie Bewegungsentwicklung ermöglichen wollen; sie sind die natürliche Folge all dessen, worüber bisher gesprochen wurde.

● *Versetzen Sie Ihr Kind nie in eine Lage, die es noch nicht beherrscht*

Das heißt z. B., daß Sie es nicht mit Kissen abgestützt hinsetzen, solange es noch nicht allein sitzen kann, oder es nicht aufstellen, solange es noch nicht selbst steht. Dies würde es nur daran hindern, die Vorteile der freien Bewegungsentwicklung zu nützen (wie wir sie beschrieben haben), mit all den Möglichkeiten, sich selbst kennenzulernen und grundlegende wie subtile Fertigkeiten zu erwerben. Wenn sich das Kind nicht sicher im Gleichgewicht fühlt und immer darauf achten muß, sich nicht zu viel zu bewegen, aus Angst, umzufallen, ist es angespannt und verkrampft und in seinen Erfahrungsmöglichkeiten eingeschränkt.

Im Vollbesitz seiner Möglichkeiten

Dagegen ist Ihr Kind im Vollbesitz seiner Möglichkeiten, wenn Sie es, sobald es sich für seine Umgebung zu interessieren beginnt, während es wach ist, behutsam auf den Rücken auf eine unnachgiebige Unterlage legen. Die passend ausgewählten Spielsachen (wie im folgenden Kapitel beschrieben) legen Sie in seine Reichweite. Sie werden sehen, wie es sie zunächst aufmerksam betrachtet, um sich dann immer lebhafter zu bewegen, während es sie ergreift und erkundet. Auch werden Sie beobachten, wie es sich aus dieser Ausgangssituation der Rückenlage sein Gleichgewicht in jeder weiteren Lage und Position immer wieder selbst erobert.

Wenn Ihr Kind sechs, sieben oder acht Monate alt ist, sich auf den Bauch dreht und zu krabbeln anfängt, legen Sie es trotzdem auf den Rücken, es wird selbst die Position wählen, die ihm lieb ist oder auch die Bewegung, die es ausführen will.

Nachteile der zu früh eingenommenen aufrechten Haltung

„Aber die Kinder haben es doch gern, wenn man sie aufrichtet."
Ja, sie mögen es gern, so wie wir Schokolade, Tabak oder Alkohol: Nicht alles, was wir lieben, ist automatisch gut, manchmal ist es sogar schädlich. Dies soll nicht heißen, daß Sie Ihr Kind nicht von Zeit zu Zeit aufrecht halten, wenn es sich beispielsweise auf Ihrem Schoß befindet, aber Sie sollten vor allem achtgeben, daß dies nicht zu einem Bedürfnis für das Kind wird.

Viele Eltern sind stolz darauf, zu sehen, wie ihr Nachwuchs sich schon sehr bald senkrecht auf seinen Beinen hält oder selbst darauf, daß er danach verlangt. Man versteht sie ein wenig: Das Kerlchen ist aufgeweckt, draufgängerisch, alles sehr geschätzte Verhaltensweisen. Aber sie sind sich nicht im klaren darüber, daß ihr Kind, zwar aufgerichtet und ganz zufrieden, sich aber halten muß, um nicht hinzufallen, was seine Möglichkeiten, zu erkunden, stark einschränkt.

Beobachten Sie, was dann geschieht: Der Körper ist gekrümmt, das Gesäß nach hinten gestreckt; das Kind steht noch häufig auf den Zehenspitzen, ungelenk und unfähig, dem Fallen vorzubeugen. Das Bedauerlichste dabei ist aber, daß das Kind seine mannigfaltigen Bewegungsmöglichkeiten nicht entdeckt, mit seinem Gleichgewicht nicht spielen kann und dabei seinen Schwerpunkt nicht spürt. Es kennt die Erfahrung nicht, sich auf sich selbst verlassen zu können. Die erste Vorstellung von seinem Körper, die wahrscheinlich eine bleibende Erinnerung in ihm hinterlassen wird, ist mit Anstrengung verbunden. Die Anspannung, sich überhaupt senkrecht halten zu können, dieses sich irgendwo Festklammern, hat nichts mit Leichtigkeit, Gelöstheit und Freude zu tun. Und während das Kind auf diese Weise damit beschäftigt ist, sich aufrechtzuhalten, kann es nicht in den Genuß des selbständigen Erkundens kommen, nicht die Freude erleben, verschiedene Dinge rund um sich herum kennenzulernen und sie zu handhaben. Es erfährt die Abhängigkeit von den Erwachsenen, da es sie braucht, um wieder aufzustehen.

Auch hier gilt wieder, daß viel zu viele Faktoren später noch zusammenwirken, als daß man von Ursache und Wirkung sprechen könnte. Doch es besteht die Gefahr, daß diese Kinder sich lange Zeit körperlich gehemmt fühlen und weniger Selbstsicherheit haben. Sie fallen häufig, tun sich öfter weh und rufen gern um Hilfe. Manche werden später zwar tüchtige Sportler, aber mehr aus Eigenwilligkeit als aus harmonischer Übereinstimmung mit sich selbst.

Nachteile des zu frühen Sitzens

„Aber wenn Sie ihn nicht hinsetzen, wird er das nie lernen!" hat mir eines Tages ein Arzt gesagt.

Wir haben gesehen, daß das nicht stimmt und daß Kinder durchaus fähig sind, diese Position selbst zu entdecken, wunderbar aufrecht sitzen und das auch, wenn keine anderen Kinder um sie herum sind.

Vermeiden Sie daher unter allen Umständen, es mit Kissen abzustützen. Beobachten Sie doch Säuglinge in dieser Situation: Einem Kind, das Bewegungsfreiheit gewohnt ist, ist es unangenehm, wenn es in seiner Aktivität eingeschränkt wird, noch dazu jeden Moment umfallen oder ausrutschen kann, und dadurch beunruhigt oder unzufrieden über seine Unbeweglichkeit ist. Allein kann es, ohne umzufallen, nur die Spielsachen erreichen, die direkt neben ihm sind und das mit gekrümmtem Körper. So kann es nur sehr schwer eine angenehme Stellung finden und muß immer wieder einen Erwachsenen zu Hilfe rufen.

Ein Elternpaar war mit seiner acht Monate alten Tochter zu einem netten Abend eingeladen. Die Tochter wurde in einem Spielbereich mit einem Kissen abgestützt auf den Boden gesetzt, mit einem Bären und einigen vertrauten Spielsachen ausgestattet, in der Hoffnung, daß sie selbst den Abend mit ihren Freunden genießen könnten ...
Julia wollte nicht in ihrem Spielbereich bleiben. Nachdem sie umgefallen und die Kissen runtergerutscht waren, wurde sie schließlich von Arm zu Arm gereicht. Das kleine Mädchen mit seinem verschmitzten Gesichtsausdruck war es offensichtlich nicht gewohnt, sich allein zu beschäftigen und die Erwachsenen ihrerseits nicht, ihr die Möglichkeit zu geben, selbst nach Lösungen suchen zu können. Und dann sagte die Mutter: „Ein Kind ist wirklich ziemlich lästig! Mit ihr habe ich keinen Moment für mich."

„Aber wenn es sitzt, kann das Baby die Leute rundherum aus einer völlig anderen Perspektive betrachten."
Nun ja, aber muß man es deshalb unangenehme Erfahrungen machen lassen, nur damit es vorzeitig verschiedene Dinge kennenlernt? Wenn Sie ihm die Möglichkeit bieten, sich selbständig aus der Rükkenlage zu entwickeln, wird es eine Vielzahl von verschiendenen Eindrücken haben und nicht lange brauchen, bis es sich von selbst aufsetzt. Und dann wird es auch aus einem anderen Blickwinkel die Welt betrachten!

Nachteile der Bauchlage

„Aber man muß sie auch auf den Bauch legen ..."
Warum, außer kurzfristig, wenn es Koliken hat und Sie spüren, daß diese Lage Linderung verschafft? Um Ihren Säugling zum „Arbeiten" anzutreiben, weil er so gezwungen wird, den Kopf zu heben? Weil Sie glauben, daß er in einer angenehmen Lage nicht „arbeiten" würde! Somit werfen Sie ihm Faulheit oder zumindest die Tendenz dazu vor! Dieses Argument zählt nicht, wie wir schon gesehen haben: Ein gesundes Kind ist aktiver, wenn es sich wohl fühlt. Was kann es folglich, abgesehen vom anstrengenden Kopfheben und den sich aufstützenden Armen, sonst noch „arbeiten" lassen, wenn es auf dem Bauch liegt? Beobachten Sie die Bewegungen und das leise Zwitschern von Säuglingen in diesen zwei Lagen, und Sie werden den Unterschied selbst sehen.

Darüber hinaus kann ein Neugeborenes, das auf den Rücken gelegt wird, seinen Kopf von Anfang an in beide Richtungen drehen, ohne sich zu verkrampfen und zu ermüden wie eines, das aus der Bauchlage heraus den Kopf heben und drehen will. Denn vergessen wir nicht, der Kopf ist im Vergleich zum übrigen Körper sehr schwer. Ihr Kind muß einen großen Teil seiner Energie allein für diese Bewegung aufbringen, wo sie doch dazu dienen könnte, Dinge zu entdecken und zu erforschen. Die Freude dabei wäre viel größer, ebenso wie das gesamte körperliche Wohlbefinden. In der Rückenlage sind die Arme des Säuglings in den Raum hinein frei beweglich, und ihre Bewegungen kräftigen seine Brust- und Rückenmuskeln.

Die Bauchmuskulatur entwickelt sich genauso, da die Beine oft in der Luft sind und sich auch zu den Seiten hin bewegen. Ein Säugling macht den ganzen Tag „Bauchübungen" in einem vom Organismus bestimmten Rhythmus, also in völliger Harmonie mit sich selbst. Die dadurch gewonnene Leichtigkeit ermöglicht es ihm, andere Bewegungen einzubeziehen, wenn er sich dann selbst auf den Bauch dreht oder aufsetzt und später aufsteht. Dies erfolgt bereits in guter Qualität und mit der Fähigkeit, auf geschmeidige Weise aus einer Position in die andere zu wechseln. Diese Geschmeidigkeit verhindert auch, daß sie sich beim Fallen weh tun.

Unsere Beobachtungen zeigen und Bewegungspädagogen bestätigen dies, daß Bauchlage-Kinder einen viel steiferen Körper haben. Wenn sie nach hinten fallen, fallen sie oft wie ein Stück Holz, die

Arme am Körper, und der Kopf, der sich noch weiter nach hinten neigt als normal, schlägt dann sehr hart auf dem Boden auf. Wenn sie nach vorne fallen, bleiben die Arme steif und sie fallen leicht aufs Gesicht. Rückenlage-Kinder hingegen strecken sofort Arme und Hände vor, wenn sie nach vorne fallen und ziehen den Kopf zwischen die Schultern. Sie beugen die Knie und fallen oft aufs Gesäß, so wird der Kopf geschützt. Dank ihrer geschmeidigen Gliedmaßen können sie geschickt fallen. Außerdem läßt sich voraussehen, was das für später und eine eventuelle Wettkampfsportart bedeutet, wenn sie jetzt schon lernen zu fallen.

Die Bauchlage-Kinder haben oft viel ungeschicktere Bewegungen, etwas starr und ziemlich abgehackt im Vergleich mit anderen. Die Füße sind im allgemeinen leicht nach innen gekehrt. Diese Kinder können wohl aktive Kletterer werden, verspannen sich dabei aber oft, wodurch sie in Gefahr geraten. Oder, was auch vorkommt, sie trauen sich nicht allzuviel zu und beneiden vielleicht später die anderen um ihr Können.

● *Vermeiden Sie alles, was seine Bewegungsfreiheit einschränken kann*

Babywippe

Angesichts all unserer Ausführungen scheinen diese Kindersitze wenig vorteilhaft. Wir werden über den Beziehungsaspekt noch im Kapitel Trennungen (s. 2. Band) sprechen. Die Babywippe ermöglicht es dem Säugling, in der Nähe seiner Familie zu sein, da es z. B. nicht immer möglich ist, in der Küche einen Teppich auszubreiten, während die Mutter kocht. Aber Sie werden sehen, daß es noch andere Lösungen gibt.

„Sie sind praktisch, um ein Kind zu transportieren."
Vielleicht. Ich habe es nie ausprobiert, obwohl ich zwei- oder dreimal Lust dazu hatte. Für Sie, liebe Eltern, wird es sicher möglich sein, wenn Sie viel unterwegs sind und Ihr Kind gerne bei sich haben, eher ein Badetuch oder eine Schaummatte mitzunehmen, auf die Sie dann für gewöhnlich Ihr Kind legen. Sie breiten diese gleich bei Ihrer Ankunft auf dem Boden aus. Was gäbe es zu befürchten, wo es gerade erst anfängt, zu rollen und sich einige Meter fortzubewegen? Es wird sich nicht davonmachen oder irgendwo hinfallen, aber mit einigen mitgebrachten Gegenständen und denen, die sie vor Ort finden, wird

es sein Leben *aktiv* gestalten, während Sie Ihr eigenes leben, in einer Nähe, die allen Freude bereitet.

Man wird Sie bewundern, ein so einfaches Kind zu haben, da es sich in dem Moment, wo es Sie in der Nähe weiß, nicht um Sie kümmern wird, sondern von sich aus all das erforschen wird, was in Reichweite ist und neu zu sein scheint. Sie werden sich freuen, und man wird Sie gerne wieder einladen!

Was die Bewegung betrifft, werden Sie sehen, daß ein festgebundener Säugling:
- seine eigenen Möglichkeiten nicht erkunden kann, weil ihm große Bewegungen nicht möglich sind;
- die Umgebung nicht erforschen kann;
- auch die kleinen Gegenstände nicht handhaben kann, weil sie schnell zu Boden fallen und er sie selbst nicht aufheben kann.

Er befindet sich also in totaler Abhängigkeit vom Erwachsenen.

Viele Säuglinge gewöhnen sich daran, sind ruhig und meist passiv, solange sie in dieser Lage sind, oder sie suchen andererseits ständig den Kontakt zum Erwachsenen. Später kommt es dann sehr oft vor, daß die Eltern erstaunt sind oder verärgert: „Er kann nicht allein spielen, er braucht immer irgendjemanden neben sich." Und Sie selbst, würden Sie gerne mehrere Stunden so verbringen, in solch einer „geknickten" Haltung?

Auch im **Auto** wäre es vorzuziehen, die Säuglinge ganz flach in einem Autobett zu transportieren als in einem zwar sehr aerodynamischen Sitz, wo sie aber trotzdem zusammengekrümmt liegen: der Rücken auf der einen Seite, die Beine auf der anderen und im Gesäßbereich gekrümmt, sicher weich, aber unbequem, vor allem dann, wenn man ein ausgiebiges Fläschchen verdauen muß.

Eine **Babywippe mit Saugknöpfen** für die Badewanne hat keinen anderen Vorteil als den, die Sorglosigkeit der Eltern zu gewährleisten. Sie macht das Kind bewegungsunfähig, und es muß immer mit dem spielen, was in Reichweite ist. Außerdem entgeht ihm so die Gelegenheit, sich frei im Wasser zu erleben und das Ausrutschen und Gleichgewicht-wiederfinden zu entdecken. Einzig die Möglichkeiten seines eigenen Körpers zur Verfügung zu haben, diese aber ganz, bedeutet, auf sich allein gestellt zu sein. Wenn Ihr Kind größer ist, können Sie, wenn nötig, einen Gleitschutz auf den Badewannenboden kleben und die Wassermenge dosieren, ohne es aber aus den Augen zu lassen.

Die „**Gehfrei**" erscheinen Ihnen, nehme ich an, mittlerweile noch unsinniger, genauso wie diese elastischen und gefederten **Babyhopser**. Eine Kinderärztin sagte mir: „Kinder, die ein ‚Gehfrei' gewöhnt sind, scheinen ihren Unterkörper nicht zu kennen." Unterhalb des Bauches künstlich festgehalten, sind sie nicht wirklich so beweglich, wie ihnen die mannigfaltigen Empfindungen vortäuschen; die Beine schweben, die Füße haben kaum Bodenkontakt, der ganze Körper hängt etwas in der Luft und ist von einem Gegenstand abhängig. Diese Empfindungen können zwar aufregend sein, und manche Kinder lieben sie, aber sie haben es schwerer, sicher auf ihren Füßen zu stehen und Kraft und Geschicklichkeit in den Beinen zu entwickeln.

Bekleidung

Es liegt auf der Hand, daß Sie bequeme Kleidung auswählen, die nicht stört, Taille und Schultern nicht einengt und die Beine nicht am Beugen behindert. Ein Nachteil für gewisse Geschenke, die zwar lustig, modisch und manchmal von außen betrachtet auch sehr angenehm scheinen. Sie sind sofort nach einem üblichen Dankeschön wegzuräumen (viele Geschäfte ermöglichen einen Umtausch). Wählen Sie einfache und nützliche Stücke: Es geht hier um eine wirkliche Bereicherung für Ihr Kind, und *Sie* sind dafür verantwortlich. Weder Freunde noch Großeltern sind verpflichtet, die Vorteile der Bewegungsfreiheit zu kennen!

Bedenken Sie, wenn Sie Ihr Kind anziehen: Es soll sich wohlfühlen und schmutzig machen können, ohne dadurch ein Drama auszulösen. Es ist ratsam, immer eine Plastikschürze in Reichweite für Ihr Kind zu haben und alles mit Fassung und Wohlwollen zu tra-gen.

Sobald es die Witterung erlaubt, verringern Sie die dicken Kleidungsstücke, und immer, wenn Sie können, lassen Sie Ihr Kind ganz nackt oder nur mit seiner Windel bekleidet, es wird um vieles glücklicher sein! Sie können es fast immer barfuß lassen.

Barfuß

Solange Ihr Kind nur auf dem Rücken liegt, reibt es gerne einen Fuß gegen den anderen, und sobald es auf dem Bauch zu kriechen anfängt, werden Sie beobachten können, wieviel bessere Bodenhaftung es hat, wenn die Fersen und seine Zehen frei sind. Anschließend wird es sich viel leichter bewegen können: Die Empfindungen auf dem Boden sind viel deutlicher, es rutscht weniger, der Fuß entwickelt Muskeln und wird kräftiger, die Gefahr von Plattfüßen ist weniger groß. Wozu soll es gut sein, einem Kind, das noch nicht gehen kann, Schuhe oder Hausschuhe mit Sohlen anzuziehen. Das erschwert es ihm doch bloß, auf dem Boden richtigen Halt und Sicherheit beim aufrechten Gehen zu gewinnen. Je mehr der Fuß selbst arbeitet, desto besser entwickelt sich seine Muskulatur.

Viele befürchten natürlich eine Erkältung, aber das Risiko ist ziemlich klein: Die Kinder in den Krippen, wo sie barfuß sein dürfen, sind nicht öfter krank als in jenen, wo sie Schuhe oder Hausschuhe anhaben. Aber sollte Ihr Boden zu kalt sein – es gibt rutschfeste Socken, in denen, solange sie nicht zu eng sind, der Fuß Ihres Säuglings Bewegungsfreiheit hat.

Sie werden merken, wie gern Kinder diesen direkten Kontakt haben, auch im Sand oder sogar auf dem Kies, der am besten geeignet ist, um die Fußwölbung zu stärken.

Schauen Sie doch mal, wie Erwachsene beim Yoga, in der Gymnastik oder sonstigen Körpertherapien versuchen, mit ihren nackten Füßen den Boden zu spüren. Die Beine sind dabei leicht gebeugt, um sich sicher zu fühlen, richtigen Halt zu haben und in Kontakt mit der Wirklichkeit zu sein, wie wenn sie im Boden „verwurzelt" wären. Sollten Sie selbst Yoga praktizieren, werden Sie überrascht sein zu sehen, daß diese Kinder bei der freien Bewegungsentwicklung spontan gewisse Stellungen einnehmen, die wir versuchen, mit Mühe wiederzufinden.

„Schlechte Gewohnheiten" korrigieren

„Und wenn er schon anderes gewöhnt ist?"
Sicherlich wird Ihr Kind seine Fähigkeiten freier entfalten können, wenn Sie es von Anfang an auf den Rücken legen; dies ist seine natürliche Lage. Und vielleicht wird es etwas überrascht sein, wenn es schon an die Wippe gewöhnt war oder mit Kissen abgestützt wurde und Sie es nun zum Spielen auf den Rücken legen. Das soll Sie aber nicht davon abhalten, es zu versuchen. Wenn die Spielsachen in sei-

100

ner Nähe interessant genug sind und Sie ihm vertrauen, dann wäre es sehr verwunderlich, wenn es nicht bald großen Gefallen daran finden würde (aber vielleicht auch erst in 10 oder 15 Tagen oder mehr ... lassen Sie sich Zeit!).

Möglicherweise beugen Sie sich auch über Ihren Säugling, wenn er auf dem Boden liegt, und sprechen mit ihm oder singen, wenn Sie daran gewöhnt sind. Es geht darum, mit dieser neuen Lage Freude und Sicherheit zu verbinden.

Wenn er sich nicht daran gewöhnen kann, ist er vielleicht besonders widerspenstig. Aber die Erfahrung lehrt, daß die Reaktionen eines Säuglings verborgene Haltungen der Eltern zum Vorschein kommen lassen und in dieser speziellen Situation vor allem jene der Mütter. Oft stimmt diese Verweigerung, auf dem Boden bleiben zu wollen, überein mit einer mütterlichen Tendenz, den Säugling bei sich haben zu wollen, seine Abhängigkeit verlängern und seine Unabhängigkeit hinauszögern zu wollen, auch wenn sie den Eindruck hat, ihm all seine Freiheit zu lassen. Dies ist eine ganz empfindliche Angelegenheit bei uns allen!

Es ist sehr sinnvoll, darüber zu sprechen, da wir sonst Gefahr laufen, diese Macht weiterhin auszuüben, ohne uns dessen bewußt zu werden, vor allem wenn unser Kind dann größer wird und immer mehr das Bedürfnis nach Unabhängigkeit und Selbständigkeit verspürt. Es kann dann widerspenstige und negative Züge entwickeln, ohne daß wir wirklich verstehen warum. Dabei handelt es sich nur um eine Art Selbstschutz, was seine Existenz als eigenständiges Individuum betrifft – ein Beweis übrigens für seine psychische Stärke. Es kann auch passieren, daß sich Ihr Kind Ihrer Macht beugt und eine eher gehorsame und unterwürfige Haltung entwickelt (das kann für Mädchen wie für Jungen zutreffen!). Aber es wäre schade darum.

Es ist keine Schande, zu dieser Gruppe von Müttern zu zählen, aber seien wir unserem Kind dankbar, uns dabei zu helfen, bald genug darüber nachzudenken, es ist ein Gewinn für die Zukunft!

● *Helfen Sie Ihrem Kind so wenig wie möglich bei seinen Unternehmungen*

Lassen Sie Ihr Kind selbständig erkunden und selbst nach Lösungen suchen. Vermeiden Sie es, Ihr Kind zu stören, selbst wenn Sie sein

Tun anerkennen, es ermutigen oder ihm Ihre Anwesenheit und Liebe versichern wollen!

Unsere Verhaltensweisen haben so schnell intervenierenden Charakter (und immer aus gutem Grund, natürlich!). Erinnern Sie sich an Karin, als sie sich so weit wie möglich zu strecken versuchte, um die Schachtel zu erreichen, oder Julian, der seine improvisierte Treppe eroberte. Beobachten Sie, wie Ihr Kind versucht, auf einen Sessel hinauf- oder herunterzuklettern. Wenn Sie sich überstürzen, um ihm den Gegenstand zu bringen, der etwas weiter weggerollt ist, wenn Sie ihm helfen, auf den Sessel hinaufzugelangen, umso mehr noch, wenn er in der Wippe ist und Sie ihm seine heruntergefallenen Spielsachen zurückgeben müssen, wecken Sie in ihm das Gefühl, daß immer ein Erwachsener da ist, der einem das gibt, was man will. Es geht nicht nur darum, daß Ihr Kind nicht die Gelegenheit haben wird, all die schon beschriebenen Erfahrungen selbst zu machen, sondern es kann auf diese Weise nicht mit der Vorstellung groß werden, daß es selbst es ist, das handelt, bewegt, fängt, und daß es sich auf sich selbst verlassen können muß – und dies viel Freude bereitet. Seine Vorstellung von sich selbst entwickelt sich ja aufgrund all dieser täglichen Erfahrungen.

Man soll dabei sicher nicht dogmatisch werden, denn es ist wichtig, sich miteinander *wohl* zu fühlen. Es wäre ohne weiteres auch legitim gewesen, wenn der Vater oder die Mutter von Karin die ersten Male eingegriffen hätten, als sie sich plötzlich auf dem Bauch wiederfand. Viele Säuglinge weinen in dieser Situation, schreien sogar richtig, weil sie sich nicht wieder allein auf den Rücken drehen können. Man möchte sie gern beruhigen, aber vielleicht ist es möglich – bevor man sie rasch auf den Rücken zurückdreht – diese Bewegung langsam zu begleiten und sie so nachvollziehen zu lassen, daß ihr Arm sie dann nicht mehr stört, wenn er am Kopf entlang geführt wird.

„Gefährliche" Unternehmungen zulassen

Wir wollen oft allein deswegen eingreifen, weil wir glauben, daß unserem Kind sein Vorhaben nicht gelingt oder weil wir befürchten, daß es dabei stürzt oder sich weh tut.

Wir haben bereits gesehen, daß nur *wir* diese Ängste haben. Mischen wir uns nicht ein, dann nützt unser Kind seine Möglichkeiten bis zum Letzten aus und hört dann – zunächst einmal – auf, denn es handelt sich hier nicht um Entmutigtsein und Aufgeben, sondern es setzt ein wenig später sein Tun wieder fort und kann, da seine Fähigkeiten ja von Tag zu Tag wachsen, jedes Mal einen Schritt weiter in seinen Unternehmungen gehen.

Wenn es das Sofa oder den Sessel hinauf- oder herunterklettern will, befürchten wir gleich, daß es fällt und wollen ihm dies vermeiden helfen. Warum? Sicher gibt es Situationen, wo man besser ganz in der Nähe ist, um jederzeit einschreiten zu können, aber unsere Gegenwart kann trotzdem so unauffällig wie möglich bleiben. Unsere Hände folgen ihm, aber in leichter Entfernung, es fühlt sie nicht und vertraut daher nur sich selbst. Und wenn es Sie doch um Ihre Hilfe bittet, können Sie ihm z. B. ruhig und freundlich sagen: „Ich bleib in deiner Nähe, du kannst unbesorgt sein, aber du bist sicherer, wenn ich dir nicht helfe, dann spürst du selbst, wo du hinauf und wieder herunter kannst." Es wäre auch besser, ein Kissen auf den Boden zu legen, damit es sich selbst sanft abfangen kann, als es herunterzuheben oder beim Absteigen an der Hand zu führen.

Ich erinnere mich an einen kleinen, zehn Monate alten Jungen, der über einen Sessel auf ein Erwachsenenbett kletterte, das um einiges höher war als er selbst. Er wollte gern auf der anderen Seite hinunterklettern und hielt sich dabei mit aller Kraft auf dem Bett fest, während er seine Zehen so weit wie möglich zum Boden streckte, und als er diesen erreicht hatte, ließ er sich hinuntergleiten und fiel sanft auf den Teppich. Seine Eltern beobachteten ihn, wobei sie anfangs die Luft anhielten und sich überlegten, ob sie eingreifen sollten, dann aber, begeistert und amüsiert von seinen Lauten, denen man sein intensives Bemühen anhörte, zuschauten.

Wir werden im nächsten Kapitel sehen, daß das Wichtigste in solchen Situationen eine Matratze, Sofakissen oder irgendetwas Gepolstertes ist, das auf strategisch wichtigen Punkten auf dem Boden liegt – und sicher auch anfänglich Ihre Nähe! Es ist etwas völlig Außergewöhnliches, ein so kleines Kind bei einer so schwierigen Sache zu beobachten, die es nur aus reiner Freude und tiefstem Interesse unternimmt und ohne in irgendeiner Form dazu angetrieben worden zu sein oder jemals irgendjemanden dabei schon beobachtet zu haben. Wenn Sie es nicht dabei stören, wird es seine Fähigkeit, längere Anstrengungen auf sich zu nehmen, immer weiter entwickeln, dabei kurz innehalten, um dann sein Vorhaben wieder aufzunehmen und dies immer einzig und allein aufgrund seines eigenen Willens

Jeder von uns mischt sich in gewisser Weise gern ein. Unsere mehr oder weniger große Fähigkeit, unserem Säugling in seinem Zeitmaß solche Erfahrungen machen zu lassen, ermöglicht uns wieder einmal, uns noch ein bißchen besser kennenzulernen. Es ist interessant, daß ein Kind, sobald es einmal Hilfe bekommt, immer wieder danach verlangt und sich dadurch schnell in Abhängigkeit begibt (so wie es einmal Bonbons kennenlernt oder den Fernseher). Deshalb sollten wir besonders aufmerksam sein: Diese intensive Freude des Kindes während seiner selbständigen Aktivitäten liefert uns die Bestätigung für unser Handeln, und wir frustrieren es nicht, wenn wir es selbst agieren lassen, im Gegenteil. Aber diese Freude stellt auch ihre Anforderungen an uns.

Der Respekt gegenüber dem individuellen Zeitmaß des Kindes bei seinen Entdeckungen

Ein anderes sehr erheiterndes Beispiel hierfür sind *Geschenke*. Welche Eltern haben schon die Geduld, ihr Kind ein Geschenk selbst öffnen und entdecken zu lassen, das doch jetzt ihm gehört? Beobachten Sie sich! „Gib mir das einmal, ich werde dir helfen! Zieh an der Schnur ... Aber nein, schau doch, eine Schachtel! So geht sie auf. Ah! Wie schön! Schau!" und man ist ganz aufgeregt. Manchmal spielt man sogar noch vor dem Kind damit. Und man will unbedingt, daß es gleich das Wichtigste entdeckt. Seien Sie mal ehrlich, was gefällt dem Kind eigentlich in so einer Situation?

Es gibt so viele Sachen zu entdecken, mit denen sich schon einiges machen läßt, bevor man zum Inhalt der Schachtel gelangt! Mit der Schnur spielen, dem Papier, der Schachtel selbst und ihren Farben, bevor man merkt, daß da drinnen auch noch etwas ist. Wem wollen wir eigentlich eine Freude bereiten?

Wenn Sie Ihr Kind selbst probieren lassen, werden Sie mit Erstaunen, und ich glaube auch mit tiefer Freude, feststellen, daß seine Aktivitäten unglaublich vielfältig sind. Es ist möglich, daß es nicht

Ihr Kind hat anfangs überhaupt keine Lebenserfahrung. Mit diesen ersten
Entdeckungen beginnt es, das Leben kennenzulernen.

einmal daran denkt, Sie um Hilfe zu rufen; außerdem wird es überraschende Lösungen finden.

Seine Ausdauer und sein Einsatz werden Sie beglücken. Wenn
kaum Erwartungen von außen da sind, wird es ganz vertieft in seine
Tätigkeit sein, bei der es zu erstaunlichen Variationen fähig ist.

Sind Sie sich bewußt, welche Kraft Sie ihm dadurch zukommen lassen, wenn es die Möglichkeit hat, auf diese Art und Weise erst einmal
seine eigenen Mittel zu Hilfe zu nehmen? Welch ein Gewinn fürs
Leben, wenn es weiß – da es auch nie etwas anderes erfahren hat – daß
man sich oft auf sich und seine eigenen Kräfte verlassen muß – und
dies auch *kann*. Solche Sachen sagen wir dann unseren älteren
Kindern und möchten, daß sie das auch glauben. Es wäre wirksamer,
wenn wir sie dies von Anfang an erfahren lassen. Das ist unsere Aufgabe.

Die Autonomie des Kindes akzeptieren

„Aber man möchte doch, daß das Baby einen braucht."
Vielleicht behagt Ihnen die Vorstellung, daß Ihr Kind sich lange Zeit selbst beschäftigen kann, ohne Sie zu brauchen, tatsächlich nicht. So als hätte man Ihnen etwas weggenommen, fragen Sie sich dann: *„Aber wozu bin ich noch nütze?"*
Vergessen Sie bei diesem Gedanken nicht die Pflegesituationen und Mahlzeiten und die notwendige Aufmerksamkeit, um Ihrem Kind geeignete Spielsachen bereitzustellen und ihm eine immer wieder passende Umgebung vorzubereiten?
Wir kommen noch darauf zurück: Es ist keine Schande, daß uns die Vorstellung, unser Kind könnte uns schon entfliehen, schmerzt! Aber wir können darüber nachdenken: Hatten wir selbst Eltern, die uns zu sehr beschützten oder sich dauernd aufdrängten? Identifizieren wir uns nun mit ihnen, was zur Folge hat, daß wir dasselbe Verhalten reproduzieren, obwohl wir eigentlich den Eindruck haben, uns von ihnen zu unterscheiden? Oder wollten wir immer, daß sie sich mehr um uns kümmerten?
Vielleicht ermöglicht Ihnen dieses Buch, sich eine andere Art von Beziehung, weniger eng und ohne unbewußte Muster, vorstellen zu können. Es wird Ihnen helfen, gewisse Reaktionen Ihres Kindes zu verstehen und sich vor allem davon nicht verletzt zu fühlen, wenn es Ihnen so wie mein zweijähriger Sohn sagt: „Mama, geh in deine Küche!", was soviel heißt wie: Ich brauche dich nicht. Das klingt beim ersten Mal schon etwas komisch!
Es ist sicher nicht ganz einfach, wenn unser Kind uns z. B. später dann mit einer bestimmten Geste von sich weist, weil wir uns anschickten, ihm beim Radfahren zu helfen oder es liebkosen wollten! Aber ist es nicht dazu bestimmt, einmal unabhängig von uns zu werden?
Was schafft uns mehr Freude:
– zu sehen, wie unser Kind Schritt für Schritt immer selbständiger und selbstbewußter wird?
– oder es zu halten, es nach unseren Vorstellungen zu formen und es dadurch von uns abhängig zu machen? Es wird dann entweder in unterwürfigem Gehorsam leben oder, ganz im Gegenteil, in ständigem Widerstand, um sich zu verteidigen.

Ihr Einwand: *„Diese Situation widerspricht ja dem Grundsatz, nach dem es heißt: „Man muß dem eigenen Instinkt, der eigenen Spontaneität folgen!"*

Ja sicher! Unsere Spontaneität scheint uns oft dazu zu veranlassen, unser Kind mehr zu behüten, ihm zu helfen, in nächster Nähe zu bleiben, oder auch autoritär zu sein, fordernd und die Latte immer sehr hoch zu legen. Manchmal ist es schwierig, sich zurückzunehmen.

Unsere Reaktionen verraten uns viel über unsere innere Wirklichkeit. Unser Kopf gibt uns zu verstehen, wie wichtig es ist, ein Kind selbständig leben zu lassen. Und dann merken wir, daß die Realität ganz anders aussieht: Wir behüten unser Kind, drängen uns auf, unterdrücken es beinah durch unsere Angst, unseren Perfektionismus, durch eine gut versteckte Herrschsucht und das Bedürfnis, daß der andere uns ähnlich wird. Bei jedem von uns sieht das ein bißchen anders aus. Sobald unsere Kinder uns die Möglichkeit bieten, etwas in unser Inneres hineinzuschauen, helfen sie uns. Es ist eine Chance: Sie geben uns die Gelegenheit, ein wenig von all diesen anderen, wunderbaren, aber noch in uns schlummernden Fähigkeiten hervorzuholen. Seien wir doch etwas mehr wir selbst! Was will *ich* für mein Kind, unabhängig von sich widersprechenden Modellen? Und vor allem, wer bin *ich*? Was ist mit meiner Fähigkeit zu lieben, mich zu freuen, zärtlich, ruhig oder überschäumend zu sein? Bin ich Dichtung, Traum oder konkrete Kunst? Denn auch wir haben ein ungeheures Potential, das noch immer nicht zur Geltung kommen konnte und genauso ursprünglich ist wie das unseres Kindes.

Vielleicht kann Ihnen auch diese Entdeckung helfen: Manchmal war ich so verwundert über die Lebendigkeit meiner Kinder, daß mir der Gedanke an ihr Heranwachsen Schmerz bereitete. Ich konnte nur schwer glauben, was mir Mütter von älteren Kindern sagten: „Du wirst sehen, wenn sie größer sind, ist es auch fein!" Sie hatten recht. Aber Sie glauben mir jetzt wahrscheinlich ebensowenig!

Bleiben Sie ruhig, es wird noch so viele Situationen geben, wo Ihr Kind Sie braucht!

● **Versuchen Sie nicht, Ihrem Kind bewußt etwas beibringen zu wollen**

Es ist nicht notwendig, ihm dies oder das zu zeigen, es zum Tun zu veranlassen, es etwas wiederholen zu lassen, zu insistieren oder ähnliches, bevor es zwei oder drei Jahre alt ist. *

Sprechen Sie mit ihm auch nicht über Ziele oder Absichten, die nur Ihre eigenen sind.

Spontanes Lernen

Ein Kind, das sich in seiner Familie wohlfühlt und die Möglichkeit hat, alle Erfahrungen so zu machen, wie wir es beschrieben haben, setzt sich *selbst* auf, steht *selbst* auf und begibt sich *selbst* von einem Ort zum anderen. Sein Spiel und seine ganze geistige Aktivität werden dadurch besonders bereichert, auch wenn es nicht die Möglichkeit hat, andere Kinder zu imitieren.

Sollten Sie z. B. die Gewohnheit haben, Ihr Kind an der Hand zu halten, um ihm das Gehen beizubringen, dann beobachten Sie es einmal: Seine Beine scheinen ihm davonzuschweben, es hat kein Vertrauen in sich selbst, sondern nur in Sie. Sobald Sie es loslassen, fällt es um und tut sich obendrein oft noch weh. Außerdem streckt es Ihnen dann die Arme entgegen, damit Sie ihm wieder aufhelfen.

Ich sah kürzlich einen zehn bis zwölf Monate alten Säugling, der „marschierte" – von seiner Mutter an beiden Handgelenken gehalten. Er beobachtete ausdauernd zwei Jungen, die Ball spielten. Seine Füße bewegten sich mechanisch vorwärts, so als ob er davon nicht betroffen wäre.

Versuchen Sie auch, ein anderes Kind zu beobachten, das allein aufsteht, dann ein klein wenig den Halt verliert, leicht schwankt, sein Gleichgewicht sucht und wieder Halt findet. Manchmal plumpst es auf seinen Po, mit oder ohne heftigen Protest, sitzt meist sehr aufrecht und steht dann wieder auf.

---

* Weiterführende pädagogische Auseinandersetzungen der letzten Jahre haben gezeigt, daß das Potential des Kindes es ihm auch in den Folgejahren ermöglicht, selbständig zu lernen, solange eine vorbereitete Umgebung ihm dazu genug Möglichkeiten bietet (Anm. d. Ü.); s. dazu: Rebeca Wild, Erziehung zum Sein, Arbor Verlag, Freiamt 1986

Auch die Väter haben Grund, sich zu freuen an der Ausdauer ihres Kindes – Tochter oder Sohn – wenn sie es bei ihren Unternehmungen beobachten: Wir sind weit davon entfernt, ein jammerndes oder abhängiges Kind heranzuziehen! Es ist ein kleines entschlossenes, kräftiges Wesen, das Sie vor sich haben und das alleine vieles entdecken kann.

Später wird es Sie um Informationen und Anleitungen bitten, um seine Entdeckungen zu bereichern. Sie werden aber erstaunt sein über all das, wozu Ihr Kind selbst fähig ist. Es wird diese Eigeninitiative behalten und weiterentwickeln, je weniger Sie seinen Aktivitäten vorgreifen und sich in sie hineinmischen.

Eines Tages, erzählt mir eine Mutter, wurde sie durch lautes Lachen veranlaßt, ins Kinderzimmer zu schauen: An seinem Bett stehend hatte der neun bis zehn Monate alte Kevin es geschafft, den aufgehängten Pyjama herunterzuziehen. Dadurch hatte dieser eine auf dem Boden liegende Schachtel verdeckt, mit der Kevin wahrscheinlich gespielt hatte. Er war sehr aufgeregt, weil er sie nicht mehr sehen konnte, und als er etwas ungeschickt am Schlafanzug anzog, tauchte sie wieder auf. Indem er diesen Schlafanzug wieder etwas ungeschickt von seinem Platz bewegte, sah er sie wieder nicht mehr. Dies schien in ihm sowohl großes Interesse als auch Belustigung und wirkliche Erheiterung hervorzurufen.

Man könnte hier Lust bekommen, sich einzumischen: „Ah, das ist lustig ... Jetzt sieht man sie nicht mehr! Noch einmal!" Warum nicht? Vielleicht ... aber es scheint nicht nötig zu sein. Tatsache ist, daß ein Kind die Erfahrung macht, daß etwas auftauchen und wieder verschwinden kann und selbst damit zu experimentieren beginnt, mit großer Freude und ohne daß ein Erwachsener es dazu veranlaßt hätte.

Wenn Sie mit Ihrem Kind spielen, sollten Sie darauf achten, ihm die Initiative zu überlassen und vielleicht zu warten, bis es Ihnen den Ball zurollt, um ihn dann zurückzurollen, bevor Sie diesen selbst in seine Richtung lenken. Lassen Sie Ihr Kind seine Ideen entwickeln und antworten Sie dann darauf. *

Aber zwingen Sie es nicht dazu, dies zu wiederholen und immer

---

* Siehe dazu auch: „Was und wie spielen wir mit dem Kind?" in: Friedliche Babys – zufriedene Mütter, S. 76–82

wieder zu machen. Das würde auf Kosten seiner ganzen Forschungstätigkeit gehen, die unendlich viel reicher ist. Immerhin weiß man mittlerweile, daß die Dinge, die man selbst und zu dem Zeitpunkt, wo das Interesse dafür am größten ist, im Tun erfahren hat, am besten verstanden worden sind.

Deswegen erscheinen uns alle Erfahrungen durch Überstimulation bedauernswert: Das damit Erreichte bedeutet meist nur einen oberflächlichen Gewinn und geht auf Kosten all des inneren Reichtums, den wir beschrieben haben.

Unserer Ansicht nach handelt es sich um das Entwickeln der Fähigkeit zu lernen, zu verstehen und die Welt zu begreifen. Eine Fähigkeit, die schon vorhanden ist und die es nicht verlieren kann. Ist es nicht wichtiger, die Dynamik des Menschen zu bewahren als Diplome zu erlangen? Das eine schließt sicher das andere nicht aus, trotzdem darf die Kreativität nicht unterdrückt werden.

Ein aufmunternder Blick

Sie sind aber während all dieser Zeit nicht untätig. Allem voran sind Sie anwesend und Ihr Kind mag es, wenn Sie ihm zuschauen. Sie verfolgen seine Bemühungen, gerührt oder aufgeregt, und bemühen sich, ihm nicht zu helfen. Wenn es Sie bittet, können Sie auch folgendes antworten: „Gut, aber schau, du machst das (fast) ganz allein ... *Du machst das ... ganz geschickt ...*" oder Sie nehmen ganz im stillen Anteil: Oft hat dies das Kind lieber. Ein stilles Einvernehmen, da es ja offensichtlich Ihre intensiven und bewundernden Blicke, die es ermutigen und aufbauen, wahrnimmt. An der Seite eines Erwachsenen ist es ganz und gar es selbst. Und Sie begleiten seine Fortschritte.

„Welch ein Gefühl", erzählt eine Mutter, „als ich den kleinen Kopf neben dem Kopfende des Bettes auftauchen sah: Es war das erste Mal, daß er alleine aufstand, mit einem ganz verzückten Gesichtsausdruck.
Und dann der Tag, als ich ihn in die Küche kommen sah: Er war auf allen Vieren aus seinem Zimmer gekommen, einen ziemlich langen Gang entlang und ist dann ganz ruhig und sehr interessiert bei mir angekommen.

Und dann, als er während des Frühstücks am Boden saß und plötzlich ganz alleine aufgestanden ist, ohne sich auch nur irgendwo anzuhalten. Er ist sofort wieder umgefallen, sitzend, aber immer mit einem interessierten Blick.

Und dann am selben Abend, als er mehr als eine halbe Stunde lang (mit Jazz-Musik im Hintergrund) sich mitten im Zimmer immer wieder ohne sich festzuhalten aufrichtete, hinfiel, aufstand, dabei vor und zurück schwankte, bevor er wieder am Boden landete. Zuerst ernst und konzentriert, dann lächelnd, sogar richtig heiter und hingerissen, und immer ein bißchen länger aufrecht stehend. Ich wollte ihn nicht irritieren, daher blieb ich da, so unauffällig wie möglich, um ihn ja nicht bei seinen Versuchen zu stören. Trotzdem lachte ich Tränen."

Sie werden in allen Bereichen der Aktivität ähnliche Beobachtungen machen.

Ein Kind *braucht* also *den Zuschauer.* Es will nicht immer, daß Sie sich an seinem Spiel beteiligen, aber daß Sie da sind. Diese Art der Anwesenheit, der Gemeinsamkeit, ohne aktives Sich-Einmischen, birgt etwas ganz Besonderes in sich, etwas fast Unaussprechliches.

Myriam David meint dazu, daß das Kleinkind „betrachtet" werden möchte, so wie jeder Erwachsene es braucht, „gehört" zu werden.

Keine unerreichbaren Ziele vorschlagen

Drängen Sie ihm also nicht Ihre eigenen Ziele auf. Einem Kind etwas zu zeigen, bevor es dazu überhaupt in der Lage ist, mit der Absicht, daß es sich dieses Können erwirbt, bedeutet, ihm zu vermitteln, daß es Dinge zu tun gibt, zu denen es noch nicht fähig ist, d. h. in ihm in gewisser Weise ein Minderwertigkeitsgefühl zu erzeugen, wenn nicht sogar die Angst vor Mißerfolg. Beispiele hierfür gibt es genug: Wie man seinen Löffel ganz alleine richtig hält, wie man einen Turm baut, darauf bestehen, daß es lernt, auf den Sessel zu klettern oder Ringe auf einen Stab zu schichten oder es womöglich auch Karten mit beschriebenen Wörtern oder komplizierten Formen wiedererkennen zu lassen.

Außerdem hat dies zur Folge, daß die Kinder sich an den Erwachsenen wenden: Sie werden ihn um Hilfe bitten (müssen) und dadurch von ihm abhängig werden. Der Erwachsene verweigert dann entweder die Hilfe oder muntert dazu auf, noch einmal von vorne anzufangen (man läßt sich immer gern ein bißchen bitten …).

Bieten Sie einem kleinen Kind von acht bis zehn Monaten eine Schachtel mit großen Würfeln an: Wenn Sie es in Ruhe selbst entdekken lassen, wird es sie nehmen, werfen, daran lutschen … Es wird beispielsweise einen an die Kante des Tisches stellen, ihm mit den Fingerspitzen ein paar kleine Stöße geben und schauen, wie weit der Würfel fällt. 20 Mal wird es ihn wieder auf den Tisch stellen, ihn zum Rollen bringen, fallen lassen usw. Sie werden bemerken, daß seine Atmung immer schneller wird – das Gesetz von der Anziehungskraft der Erde: welch erstaunliche Entdeckung! Es wird entweder ganz still sein oder ziemlich laut. Mit Sicherheit wird es Sie nicht beachten. Und eines Tages vielleicht, wenn niemand zuschaut, wird es ganz von alleine daraufkommen, daß man einen Würfel auf den anderen stellen kann.

Sie werden dann in sein Zimmer kommen und zwei oder drei Würfel aufeinandergestapelt vorfinden, das Ergebnis eines enormen Bemühens, ein Kunstwerk, das aus dem Nichts entstanden ist. Welch ein Erlebnis! Ein bißchen später vielleicht werden Sie zum stillen Beobachter bei seinen wiederholten Versuchen, den Turm immer wieder aufzubauen. Die Freude über seinen Erfolg wird meist unauffällig, aber intensiv sein. Beobachten Sie seinen Blick, sein ganzer Körper ist auf sein Werk gerichtet – und dann die Entspannung. Vielleicht wendet es sich jetzt einer anderen Sache zu.

Wenn Sie ihm aber dieselbe Schachtel geben und sofort zeigen, wie man damit einen Turm baut, dann werden Sie beide *Ihr* Werk bewundern! Ihr Kind bringt ihn zum Umfallen und wird Sie dann sicher darum bitten, ihn wieder aufzubauen, was Sie auch belustigt tun. So geht das nette Spiel weiter:

– Es macht die Erfahrung, daß es schwierige Dinge gibt, die es selbst noch nicht bewältigen kann. Sicher wird es diese Entdeckung eines Tages sowieso machen, aber nicht so früh: Es sollte zuerst eine gute Grundlage für sein Selbstvertrauen gewinnen können, damit es der Wirklichkeit besser begegnen kann und nicht immer wieder enttäuscht wird.

– Es kommt dadurch in ein Abhängigkeitsverhältnis zu Ihnen und verlangt, daß Sie wieder von vorne beginnen.

Beobachten Sie eine solche Situation: Oft endet dieses Spiel in einer Grauzone, Sie haben genug davon und fordern Ihr Kind schließlich auf, alleine zu spielen. Es wirkt dann etwas traurig und mißmutig. Meistens wird es dann übrigens nicht versuchen, einen Würfel auf den anderen zu stellen, da dies ganz offensichtlich zu schwierig ist. Wie oft reizt es uns, den Kindern vorzuschlagen: „Komm rauf aufs Sofa! Komm, ich halte dich, oh! Es geht ja! Das war anstrengend ... noch einmal ... Willst du noch einmal?" oder „Schau! Man kann es drehen (die Wählscheibe eines Telefons, die jetzt auf allen Spielsachen für Kleinkinder zu finden ist). Gib deinen Finger rein! Ich halte ihn ... Da! Hör doch, das erzeugt ein Geräusch! Schau, die Farbe verändert sich ... Da! Eine kleine Katze! Oh! Jetzt ist es ein Teddybär! Und da kannst du draufdrücken, tutut, das ist toll!"

Und das Kind gehorcht, wandert von einem zum anderen, ohne je die Zeit zu haben, seine Erfahrung zu verarbeiten, wirken zu lassen, was es gerade gesehen oder gehört hat, und ohne überhaupt die Möglichkeit zu haben, das alles selbst, in seinem Rhythmus und auf seine Art zu wiederholen. Wir führen eine Begeisterung herbei und bekommen dann zu hören, daß die Kinder „heutzutage nervös sind"!

Vielleicht fühlen wir uns verpflichtet, etwas zu tun ... „Ich bin da, ich habe Zeit für dich ... ich kann mit dir spielen ..." Aber einfach da zu sein, ganz nah bei ihm, das scheint in gewissen Momenten völlig ausreichend, damit Ihr Kind wirklich glücklich ist!

Das soll natürlich nicht heißen, daß man sich nie an seinem Spiel beteiligen darf. Aber Sie sehen, wie man es auch machen kann, unauffällig und indem Sie Ihr Kind begleiten, nicht indem Sie ihm vorgreifen oder an seiner Statt spielen.

Vorbereitung des Raumes und der Spielsachen

Wir werden im nächsten Kapitel noch genauer sehen, wie Sie seine Umgebung vorbereiten. Ihre Aufgabe ist es, alle Gegenstände bereitzustellen, die es handhaben kann und mit denen es immer unterschiedlichere Experimente machen wird.

Ein letztes Beispiel soll unseren Vorschlag noch besser illustrieren:

„Als Max zwischen neun und zehn Monaten alt war", erzählen *seine Eltern, „stand ihm eine große ebene Fläche im Wohnzimmer mit all seinen Spielsachen zur Verfügung. Wir hielten dies für gut so, da er dadurch mit allen Familienmitgliedern in Kontakt war. Dann ist er im Lauf des Tages immer etwas blaß geworden, so als*

ob er sich langweilen würde. Ohne die Räumlichkeiten und das Familienleben komplett durcheinander zu bringen, konnten wir ihm dort keine Möglichkeit schaffen, auf etwas herumzuklettern. Nach einiger Überlegung begannen wir sein Zimmer, das in einiger Entfernung lag, aber in dem ein altes Sofa stand, herzurichten: Wir haben einen Sessel daneben gestellt, auf den er hinaufklettern konnte, und auf der anderen Seite haben wir ein Kissen hingelegt, damit er sich hinunterfallen lassen konnte, ohne sich weh zu tun; außerdem eine kleine Rutsche! Bei offener Tür konnte er uns sehen, aber er war mehr für sich.

Er hat diesen Raum sofort erobert, ist auf den Sessel geklettert, von dort aufs Sofa, dann auf den Boden hinunter, Kopf voran, ganz vorsichtig, indem er die Arme vorstreckte, um dann hinunterzupurzeln, manchmal auch ziemlich schnell. Er hat dabei öfters gebrummt, aber nie um Hilfe gerufen.

Gleichzeitig hat sich sein allgemeines Verhalten verändert, er plapperte vor sich hin, wurde viel lebendiger und bei allem aktiver."

● **Warum ist diese Haltung so wichtig?**

Ich möchte Ihnen dazu noch ein letztes Beispiel anführen:

In der Krippe wird die sieben Monate alte Laura gerade munter. Die Helferin, die gerade mit einer Gruppe Kinder beschäftigt ist, hebt sie hoch, setzt sie freundlich auf den Teppich, mit Kissen abgestützt, legt ihr noch ein Spielzeug zwischen die Beine und geht dann wieder.

Lauras Blick folgt ihr. Sie bewegt sich etwas vor und zurück, um ihr Gleichgewicht auszuprobieren. Der Gegenstand liegt direkt vor ihr. Sie beugt sich vor und sieht ihn an. Mit ihrem rechten Arm möchte sie nach ihm greifen, wobei sich ihr Körper nach vorne neigen müßte. Laura spürt, daß sie das Gleichgewicht verlieren würde und neigt sich wieder zurück, wobei sie auf den Rücken fällt und zu schreien beginnt.

Die Helferin kommt, spricht freundlich mit ihr, setzt sie wieder auf und gibt ihr das Spielzeug zurück. Laura schaut es erneut an, nimmt es zuerst ganz sanft in die Hand, schüttelt es dann heftig, wodurch es ihr entgleitet. Sie wird sofort steif, um nicht wieder hinzufallen. Ihr Blick wandert rundherum. Nach kurzer Zeit – sie

114

sitzt immer noch – zuckt es um ihre Mundwinkel und sie beginnt zu weinen.

Man kann natürlich nicht voraussehen, wie Laura reagiert hätte, wenn die Helferin nach anderen Prinzipien vorgegangen wäre. Aber man könnte sich das Folgende vorstellen:

Laura wird munter und die Helferin – wie oben mit anderen Kindern beschäftigt – nimmt sie auf und legt sie behutsam auf den Teppich, indem sie mit ihr spricht und einige Spielsachen rund um sie herum legt. Die Rückenlage ist Laura vertraut. Sie schaut der Helferin beim Weggehen nach (bei der beobachteten Szene schien Laura nicht besonders traurig oder beunruhigt), sie schaut sich um, schaut in die Luft und dann nach beiden Seiten. Sie bemerkt einen kleinen roten Eimer. Sofort dreht sie sich zur Seite und greift nach ihm. Er kippt um und dabei rollt ein Ball heraus, der im Eimer gelegen hatte. Ihr Blick folgt dem Ball, sie dreht sich auf den Bauch und kriecht ihm nach ...

Die Fähigkeit, mit einer Situation zurechtzukommen

In beiden Situationen ist Laura fähig, sich darauf einzustellen und damit umzugehen. Im ersten Fall setzt sie der Erwachsene aber nicht in die Lage, von dieser Fähigkeit profitieren zu können, wohingegen er ihr dies beim zweiten Beispiel ermöglicht. Die zweite Verhaltensweise nimmt nicht mehr Zeit in Anspruch als die erste.

Natürlich können hier auch noch andere Faktoren eine Rolle spielen. Manche Kinder sind von Natur aus aktiver als andere. Ebenso unterscheidet sich der emotionale, affektive und familiäre Hintergrund voneinander. Aber wir sehen bei diesen Beispielen, wie ein Erwachsener beim selben Kind eine Möglichkeit anbieten kann, so daß dieses seine Fähigkeiten entwickelt und mit Interesse und Freude tätig wird oder umgekehrt, diese Voraussetzungen nicht schafft. Wenn sich eine solche Erfahrung täglich und von Geburt an wiederholt, dann wird dies unweigerlich verschiedene Tendenzen in seiner Persönlichkeitsentwicklung nach sich ziehen, gegenwärtig und zukünftig.

Hier geht es bereits um etwas, das wir im Kapitel *Trennungen* (s. 2. Band) noch genauer besprechen werden. Jedes Kind wird früher oder später damit zu tun haben, in der Familie und wieviel mehr noch in Krippen oder bei der Tagespflege. Sie sehen selbst, daß der Säugling hier bereits erlebt und übt, wie er seine Energien mobilisieren und dabei positive Erfahrungen machen kann. Er erfährt, daß dieses Wohlbefinden auch dann weiterbestehen wird, wenn er allein ist.

Im gegenteiligen Fall wird er wahrscheinlich nicht zugrundegehen, aber er wird auf Sparflamme leben, in ständiger Erwartung, daß der Erwachsene wiederkommt, um ihm zu helfen oder sich mit ihm zu beschäftigen. Seine ihm noch unbekannte innere Energie kann nicht zum Ausdruck kommen. Außerdem wird niemand von ihrem Vorhandensein eine Ahnung haben. Von einem solchen Kind heißt es dann, es sei „empfindlich" oder „launisch" oder „es kann nicht spielen", „es will dauernd in die Arme genommen werden". Es verhält sich tatsächlich dementsprechend, aber nicht weil es von Natur aus so ist, sondern weil es dazu erzogen wurde.

Die Fähigkeit, sein Leben selbst in die Hand zu nehmen, kann ein Säugling nur dann verwirklichen, wenn ihm dies von der Umgebung ermöglicht wird.

Das Selbstvertrauen stärken

Unserem Wettbewerbsdenken entsprechend ist ein frühreifes Kind der Stolz seiner Eltern, die schon auf seine Examenserfolge hinarbeiten. Sie sind bereit, ihrem Kind jegliche Förderung zugute kommen zu lassen oder sorgen sich andererseits, wenn dessen Fortschritte nicht ihren Vorstellungen entsprechen.

Sie sind sich dabei nicht bewußt, daß Selbstvertrauen und freudige Selbständigkeit sowie innere Sicherheit und die Fähigkeit, sich auf seine eigene Stärke verlassen zu können, heutzutage viel wichtigere Eigenschaften sind, wo persönliche Überzeugunskraft und Sicherheit sowie Vorstellungskraft und die Fähigkeit, Initiative zu ergreifen mehr zählen als alle Diplome.

Es ist immer wieder beruhigend zu wissen, daß die Entwicklung unseres Kindes nicht allein in unserer Verantwortung liegt, daß wir es nicht „zurechtmodeln" müssen. Es liegt an ihm, sein Leben in die Hand zu nehmen und das Seine daraus zu machen. Wir werden dabei eher zu Mitarbeitern, die es auf seinem Weg begleiten, und zwar im wahrsten Sinne des Wortes, nämlich ohne ihm ständig den richtigen Weg vorschreiben zu wollen.

Schließlich ist diese Fähigkeit, *allein sein zu können* in der Gegenwart eines anderen, die beste Voraussetzung für Beziehungsfähigkeit. Die Tatsache, daß ein Kind sich selbst wirklich kennenlernen konnte durch Freude an seiner Bewegungsentwicklung und der Entfaltung seiner Persönlichkeit, wird es ihm auch ermöglichen, den anderen ohne Unsicherheit oder Angst, mit großem Interesse zu begegnen. Dies sind die besten Voraussetzungen für eine gelungene Sozialisation, die somit nicht dadurch gewinnt, daß sie zu vorzeitig stattfindet.

Die goldenen Regeln
1. Versetzen Sie Ihren Säugling nicht in eine Lage oder Position, die er von sich aus noch nicht aufgesucht hat und in der er sich noch nicht sicher im Gleichgewicht halten kann.
2. Vermeiden Sie alles, was seine Bewegungsfreiheit einschränken könnte.
3. Helfen Sie ihm möglichst nicht bei seinen Unternehmungen, sondern überlassen Sie ihm das Erforschen und Suchen nach Lösungen.
4. Bringen Sie ihm nichts bei im Sinne von Lehren, machen Sie ihm nichts vor, was er dann nachmachen soll.

● *Unterstützung für Kinder, die Schwierigkeiten hatten oder noch immer haben*

Wir haben die Tatsache schon kurz erwähnt, daß nicht alle Kinder gleichermaßen begünstigt sind. Wenn wir somit Möglichkeiten haben, den gesunden Kindern die besten Chancen zu eröffnen, so müßten wir erst recht diejenigen davon profitieren lassen, die mehr oder weniger große Schwierigkeiten haben.

Ihr Kind könnte z. B. ein Frühgeborenes sein, einen Krankenhausaufenthalt erlebt haben oder andere Erlebnisse gehabt haben, die eine Entwicklungsverzögerung ausgelöst oder andere kleinere oder größere Schwierigkeiten nach sich gezogen haben. Vielleicht sind Sie jetzt der Meinung, das vorgestellte Konzept habe für dieses Kind keine Gültigkeit, sondern daß es im Gegenteil viel stimuliert werden muß. Aber gerade in diesem Zusammenhang habe ich eingangs zu diesem Kapitel die Ausführungen von Monika Aly, einer Krankengymnastin vom Ambulatorium der Pikler-Gesellschaft in Berlin erwähnt, die uns aufgrund ihrer jahrelangen Erfahrung mit behinderten Kindern anläßlich des Lóczy-Kongresses in Budapest 1991 gezeigt hat, daß genau diese Auffassung vom Vertrauen in die kindliche Entwicklung eine wichtige Basis für die therapeutische Arbeit ist.

Eine langsame aber sehr reale Energie

In der Gegenwart eines Kindes, das schon einiges durchgemacht hat oder behindert ist, neigen wir dazu, gleich zu schauen, was *wir* tun können. Dabei vergessen wir völlig, daß auch dieses Kind, so wie alle anderen, seine eigene Entwicklung selbst steuern kann, auch wenn seine innere Dynamik viel langsamer und weniger auffällig ist und uns braucht, um zum Ausdruck kommen zu können. Unsere Aufgabe ist es also, die vorhandene Lebendigkeit in diesem Kind zu wekken und zu bestärken.

All die kleinen und alltäglichen Erfahrungen tragen dazu bei, daß es sich seiner Möglichkeiten, die es manchmal noch nicht kennt, bewußt werden kann. Diese Fähigkeiten zu entdecken erzeugt Freude, die wiederum dazu drängt, immer wieder von vorne zu beginnen. Der kleinste vorhandene Energiestrom hat die Möglichkeit, sich auszudehnen.

Trotz Unsicherheit, Ängstlichkeit oder Schmerzen kann ihm das Gefühl vermittelt werden, daß wir seine Fähigkeiten wahrnehmen, darüber zufrieden sind und mit ihm gemeinsam davon profitieren.

Ein aufmunternder und unterstützender Blick

Beobachten Sie Ihr Kind und finden Sie heraus, was es jetzt gerade tun mag: einen bestimmten Gegenstand in die Hand nehmen, bewegen, mit bestimmten Gegenständen Lärm erzeugen oder ähnliches. Ihre Beobachtungen sollten der Ausgangspunkt sein für all die vielfältigen und zahlreichen Aktivitäten, die Sie ihm demzufolge ermöglichen. Dadurch wird es Gelegenheit haben, seine persönlichen Vorlieben und die Fähigkeiten zu äußern, die es in diesem Moment bereit ist zu entwickeln.

Dies hilft Ihnen, seine Umgebung nach seinen Bedürfnissen und Interessen vorzubereiten. Das Kind wird dann selbst das Maximum von dem entfalten, was ihm in diesem Augenblick möglich ist.

Es geht auch nicht nur darum, „zu beobachten, um in Erfahrung zu bringen". Es gibt auch noch den *Blick*, der ohne Worte kommuniziert.

Erinnern Sie sich an die Worte von Myriam David: „Ein Kind möchte *wahrgenommen* werden, so wie ein Erwachsener das Bedürfnis hat, *gehört* zu werden." Die Arbeit mit Kindern, die sich in großen physischen und psychischen Schwierigkeiten befinden, hat gezeigt, welch große Fortschritte sie machen, wenn sie mit Interesse, Wohlwollen und Liebe im weiteren Sinn beobachtet werden. In der Fachsprache würde man sagen: „Die Beobachtung des Kindes dient therapeutischen Zwecken."

Es geht darum, mit Neugierde und Aufmerksamkeit seine Bemühungen und Enttäuschungen wahrzunehmen. Schon beim gesunden Kind haben wir diese große Freude beschrieben, die es empfindet, wenn es merkt, daß es im Mittelpunkt des Interesses steht und dabei trotzdem seine Freiheit bewahrt. Ebenso ist dies eine Quelle der Freude und Kraft für ein Kind in Entwicklungsschwierigkeiten: da sein und die Freude an seinen Erfahrungen und die Intensität seiner Anstrengungen und Gefühle zu teilen.

So werden sich auch in ihm Selbstvertrauen und inneres Wohlbehagen entwickeln, wodurch letztendlich größtmögliche Energie und Vitalität freigesetzt werden.

Spiele vorschlagen, die seinen Fähigkeiten und Vorlieben entsprechen

Wenn ein zehn bis zwölf Monate altes Kind noch nicht sitzen mag, geben Sie ihm die Möglichkeit, die Rückenlage voll auszukosten, auf dem Boden und mit den Spielsachen, die ihm gerade gefallen. Sie können ihm auch mehr Dinge zeigen als einem anderen, aber fangen Sie trotzdem mit den Gegenständen an, die *ihm* gefallen und nicht mit denen, die es Ihrer Meinung nach zum Spielen nehmen sollte.

Sie können auch einiges davon in einiger Entfernung hinlegen, gerade so, daß es sich etwas bemühen muß, um es selbst zu ergreifen. Teilen Sie seine Freude darüber, es wiedergefunden zu haben. Es braucht viel Ruhe, damit seine Energie genug Zeit hat, sich zu äußern und seine Bedürfnisse genug Raum, sich zu behaupten.

Um im Kind die Lust, sich zu bewegen und zu experimentieren zu wecken, legen Sie geeignetes und vertrautes Material in seine Nähe und überlassen Sie ihm so viel wie möglich die Initiative. Sie geben ihm damit Gelegenheit, die Freude am Erfolg kennenzulernen. Dann verändern Sie gewisse Dinge, immer nur um eine kleine Nuance schwieriger, so daß es ja nicht Gefahr läuft zu versagen: Diese Kinder verschließen sich sehr schnell allem gegenüber, wenn Sie sich bedroht oder überfordert fühlen.

Nehmen wir z. B. eine feste Rolle, so eine Art prall gefüllte Schlummerrolle. Sie können das kleine Kind bäuchlings drauflegen, um ihm ein Gefühl für das Ungleichgewicht zu vermitteln und es auffordern, seine Arme nach vorne zu strecken. Dann können Sie es vielleicht dazu bringen, sich nur auf die Arme stützend fortzubewegen. Man merkt, daß es sich unwohl fühlt, seine Gesichtszüge verkrampfen sich. Trotzdem strengt es sich weiter an und vollbringt das von Ihnen Verlangte oder fängt an zu weinen. Angesichts der Verpflichtung, etwas zu tun, gehorcht es oder versucht dies zumindest, aber es kann sein, daß es weniger dabei ist, als wenn dieselbe Bewegung freiwillig und von innen motiviert entstanden wäre.

Auch Ihr Verhalten kann anders ausschauen: Sie fangen nicht gleich mit einer allzu großen Rolle an, legen einen vertrauten Gegenstand darauf, damit sich das Kind aus eigenem Antrieb hebt, um ihn zu erreichen. Ein bißchen später können Sie den Gegenstand dann auf die andere Seite legen, wobei Sie darauf achten, daß er fürs Kind immer sichtbar ist. Dabei lassen Sie ihm dazwischen immer wieder die Zeit und den Raum für Umwege. Diese sollten Sie sehr genau verfolgen: Sie sind auch „Arbeit" fürs Kind, und es wird sehr wohl davon profitieren. Sie können ja auch kleine Hindernisse auf seinen Umwegen aufstellen.

So gesehen ist das Kind nicht sich selbst überlassen, sondern Ihr Angebot unterstützt immer seine momentane Motivation. Es wird täglich neues Interesse bekunden und dementsprechende Fortschritte machen.

Immer wieder kann man am Gesichtsausdruck dieser Kinder beobachten, wie sich bei einer solchen Einstellung des Erwachsenen auch ihr allgemeines Befinden verändert: Sie sind offener, ihr Blick ist lebendiger und gegenwärtiger. Sie strahlen mehr Selbstvertrauen aus und fangen an, Initiative zu ergreifen. Dabei erleben sie wirkliche Glücksmomente. Ihre Aktivitäten werden zahlreicher und ihr Bedürfnis, Fortschritte zu machen, wächst. Auch für sie, wie für andere Kinder, bedeutet eine neu erworbene Fähigkeit den Beginn für die nächste Etappe.

Es geht immer wieder darum, das Kind wahrzunehmen, ihm zuzuhören und es zu begleiten. An Ihnen liegt es, diesem zarten Wesen das größtmögliche Vertrauen in seine Entwicklung entgegenzubringen und dabei auch sich selbst zu vertrauen in bezug auf Ihre Fähigkeiten, es beim Wachsen zu unterstützen. Keiner kann zu Beginn die Intensität dieses Lebens erahnen. Manchmal werden Sie vielleicht enttäuscht. Aber ich kenne zahlreiche Fälle, wo sich diese Kinder um vieles besser entwickelten, als Ärzte und Eltern es je anzunehmen wagten. Alle Welt ist beeindruckt davon, was und wie sie es erreicht haben. Kinder entfalten oft Fähigkeiten, von denen Sie keine Ahnung hatten und an die Sie nie gedacht hätten.

Man könnte dies vielleicht mit einem gefüllten Tank vergleichen, der bloß ein winziges Rohr für die Benzinzufuhr hat. Wenn Sie dieses Rohr vergrößern und die Energie kommen lassen, wird der Motor sofort viel besser laufen, auch wenn es tatsächlich einige schwache Teile gibt. In manchen Fällen handelt es sich wirklich einzig und allein oder vorwiegend um Energieblockaden. Und wenn sich nun ein etwas verrosteter Mechanismus in Gang setzt, der aber dafür um einiges stärker ist als man angenommen hat? Wenn nun einmal eine Schwäche vorhanden und nicht zu leugnen ist, dann ist es umso notwendiger, alle innere Energie freizusetzen, um all das zu entfalten, was möglich ist.

Andererseits kann jede vorhandene dynamische Kraft genauso blockiert werden, wenn ihr zu viele Dinge abverlangt werden, die nicht mit ihr übereinstimmen. Das Kind wird natürlich versuchen, den Erwartungen gerecht zu werden, aber wenn diese zu fordernd, ja überfordernd sind, dann besteht die Gefahr, sich festzufahren oder mit seinen Bemühungen nicht mehr mithalten zu können und in der Folge Selbstvertrauen und Mut zu verlieren.

Sollten sich Fachleute um Ihre Kinder kümmern, dann sprechen Sie mit ihnen darüber. Wenn Sie Ihr Kind wahrnehmen, dann verlangen Sie das auch von anderen.

All das in diesem Buch bereits Erwähnte kann auch diesem Kind nützen: Die vielen kleinen alltäglichen Situationen werden auch ihm helfen zu wachsen. Und trotz mancher Unterschiede werden die Beobachtungen von Olivier und Jerome das hier Gesagte etwas verdeutlichen (s. 2. Band).

4. Kapitel

Geeignete Spielsachen und eine vorbereitete Umgebung

Spielsachen, bei denen das Kind Lust bekommt, den ganzen Reichtum seiner Empfindungen zu entdecken, sowie die Folgen seines Handelns und Hantierens.

Marie-Renée Aufaure, Psychologin an der ‚Banque du jouet‘, *A la découverte du jouet français*, Centre de documentation du jouet, Oktober 1995

Nachdem Sie die vorangegangenen Kapitel gelesen haben, sehen Sie nun, daß eine Ihrer Aufgaben darin besteht, die unmittelbare Umgebung für Ihr Kind so vorzubereiten, daß es darin mit entsprechenden Gegenständen experimentieren und seine Fähigkeiten entwickeln kann. Dies entspricht nicht gerade dem, was zur Zeit üblich ist! Im allgemeinen geht es dabei um ganz einfache und billige Dinge. Vieles können Sie auch selbst anfertigen.

Wahrscheinlich fragen Sie sich, je nachdem wie alt Ihr Kind ist, welche Spielsachen Sie ihm anbieten sollen und welche Geschenke sinnvoll wären. Es gibt so viele! Hier finden Sie zu Ihrer Orientierung einige Anhaltspunkte.

Das Vorbereiten der Umgebung

● *Grundausstattung*

Sobald Ihr Säugling drei Monate alt ist, sollten Sie als erstes eine ebene Fläche vorbereiten, auf die Sie ihn legen, wenn er wach ist. Achten Sie darauf, daß sie groß genug ist. Sie sollte sauber sein, nicht zu kalt und sicher. Wenn Sie auf Ihren Fußboden ein Badetuch oder einen Teppich dafür ausbreiten, achten Sie darauf, daß diese nicht verrutschen, um die Beweglichkeit Ihres Kindes nicht zu behindern.

Ein harter Boden stört die Kinder nicht: Im Lóczy, wo die Kinder

123

mit vier Monaten in ein ziemlich großes, sog. Spielgitter* auf harten Boden gelegt werden (auf den nur aufgrund mangelnder Holzqualität mitunter eine dünne Baumwolldecke gelegt wird, die an allen Seiten fest verspannt wird, damit sie nicht verrutschen kann), sind sie mit Freude und Ausdauer aktiv.

Wenn Sie Ihren Säugling in seinen Spielbereich auf den Rücken gelegt haben, so wie es im zweiten Kapitel beschrieben wurde, legen Sie, sobald er drei, vier Monate alt ist, einige altersentsprechende und für den Anfang geeignete Gegenstände um ihn herum: ein farbiges Tuch, Armreifen aus Holz oder Plastik und leichte Spielsachen für den Anfang. Wir werden diese Dinge später noch genauer beschreiben.

Üblich ist es, dem Säugling diese Gegenstände zu zeigen, sie zu bewegen oder den einen gegen den anderen zu klopfen, aber Sie werden sehen, daß es nicht notwendig ist und sich Ihr Kind sehr schnell selbst dafür interessieren wird.

Beobachten Sie, wie gelöst es daliegt, die Wirbelsäule völlig gestreckt. Sie werden sehen, wie es den Kopf drehen kann, wie es anfängt, Arme und Beine zu bewegen. Für kurze Zeit ist es von niemandem abhängig und entdeckt in sich selbst den Ursprung für sein Tätigsein und seine Freude.

● **Die Umgebung bereichern**

Nach und nach, in dem Maße wie seine Fähigkeiten wachsen, können Sie seine Umgebung durch neue Gegenstände verändern.

Eine Matratze neben dem Teppich, auf dem unser Kind lag, erwies sich als Anlaß zu immer neuen und erlebnisreichen Aktivitäten. Sie können natürlich auch ein großes unnachgiebiges Polster nehmen oder einen mit abwaschbarem Stoff bezogenen, sehr festen Schaumgummiblock, auf dessen Oberfläche das Kind genügend Platz hat, um sich darauf gut zu bewegen.

Sobald es anfängt, sich schon leicht vom Rücken auf den Bauch und wieder zurück zu drehen, ist eine solche Matratze sinnvoll. Aber da-

---

* Näheres dazu in: Éva Kálló und Györgyi Balog, Von den Anfängen des freien Spiels, Pikler Gesellschaft Berlin 1996, S. 33–37

mit Ihr Kind keine allzu schmerzhaften Erfahrungen machen muß, legen Sie es immer zuerst auf den Teppich: Dann wird es von sich aus schön langsam auf diese Matratze hinaufkriechen, um dann mit einiger Mühe wieder herunterzukrabbeln. Wenn es selbst ausprobiert hat, wie es hinaufklettern muß, wird es auch selbst herausfinden, auf welche Weise es wieder herunterkommt.

Mit Erstaunen habe ich festgestellt, daß eine 15 Zentimeter dicke Matratze einem Säugling wie ein Berg vorkommen muß. Als ich mein Kind zum ersten Mal darauf gelegt habe und es erneut auf den am Boden befindlichen Teppich zusteuerte, war der Abstieg schwindelerregend. Ich sah schon eine Beule, womöglich gleich einen Schädelbasisbruch!

Da unser Prinzip davon ausgeht, das Kind seine Entdeckungen selbst machen zu lassen, wie konnte ich da vergessen, daß es zuerst den Aufstieg üben muß?

Nachdem ich das verstanden hatte, legte ich meinen Sohn jedesmal direkt auf den Teppich. Er brauchte zehn Tage, um auf seine Matratze hinaufkrabbeln zu können und sich mit den darauf befindlichen Spielsachen zu beschäftigen. Er konnte jetzt, wenn er bis zum Ende der Matratze kroch, seine Hand zum Boden strekken, den Teppich berühren, um sich dann hinuntergleiten oder rollen zu lassen, manchmal auch etwas unsanft und abrupt. Es gab noch einiges Brummen, aber er hat sich nie mehr wirklich wehgetan. Es schien, als hätte er sich diesen Höhenunterschied tatsächlich einverleibt. Dadurch überraschten ihn die neuartigen und etwas eigenartigen Empfindungen beim Herunterkriechen nicht wirklich, auch wenn sie unangenehm waren.

In der Folge liebte er es, hinaufzuklettern und vielleicht noch mehr, herunterzuklettern. Die zahlreichen Positionen, die er dabei einnahm, schienen ihm viel Freude zu bereiten und wurden von vielsagenden Tönen und einem entsprechenden Mienenspiel begleitet, das Eifer und Interesse bekundete!

Dies zeigt gut, in welcher Form die zahlreichen selbständigen Erfahrungen von einem Kind genutzt werden. Wenn wir dabei eingreifen, um es zu berühren – entweder, um es zurückzuhalten oder anzuspornen – dann bringen wir etwas ins Spiel, das nichts mit ihm zu tun hat, und wir hindern es daran, sich in seinem eigenen Rhythmus und seinem Bedürfnis entsprechend zu entwickeln. Für uns bedeutet es ja eine große Sicherheit zu wissen, daß unser Kind auf diese Art und Weise die Dinge selbst entdecken und das erreichen kann, was es erreichen will. Es wird, wenn wir ihm nicht helfen, nicht untätig bleiben: Ungefähr drei Wochen später war mein Sohn Herr der Lage, kletterte mit Begeisterung hinauf und herunter und ließ sich manchmal lachend und jauchzend herunterfallen.

Die Gelegenheiten zu experimentieren lassen sich beliebig erweitern: eine kleine Holzkiste, die man leicht selber bauen kann (ca. 12 bis 18 Zentimeter hoch und 80 mal 80 Zentimeter groß) und die den Vorteil hat, hart zu sein (nicht so nachgiebig wie die Matratze) und sich auch umgedreht zum Hineinkriechen eignet, eine sehr prall gefüllte Rolle, damit sie möglichst fest ist oder ebenso feste Schaumgummiwürfel.

Es lassen sich auch noch aufwendigere Konstruktionen entwerfen. Ich selbst habe eine improvisierte Treppe aufgebaut, die aus einem Schaumgummiblock von zehn Zentimeter Höhe bestand, auf diesem befand sich eine volle Waschmittelpackung, damit sie schwer war und nicht nachgab und als Abschluß eine Art Sessel – dies alles stand neben der Matratze auf dem Boden. Die Erkundung dauerte mehrere Monate und ging in kleinen Schritten vor sich.

Man kann auch ein kleines Haus bauen, aus einem Tisch mit über-
hängendem Tischtuch, zum Verstecken oder einen Sessel zum Dar-
unterkrabbeln. Vielleicht finden Sie eine kleine schiefe Ebene, auf
der Ihr Kind rutschen kann. Wenn Sie es beobachten, werden Sie an-
hand von diesen Beispielen schon auf eigene Ideen kommen.

Wußten Sie, daß:
- alle Säuglinge ihre feinmotorischen Handlungen von Zeit zu Zeit
  unterbrechen, um großmotorische Bewegungen machen zu können, bevor sie ihre hantierende Tätigkeit wieder aufnehmen;
- ein Säugling und Kleinkind leichter zur Ruhe kommen kann und
  weniger anhänglich ist, wenn es seine überschäumende Energie
  körperlich ausleben kann, wenn es z. B. auf etwas hinaufkrabbelt,
  sich heruntergleiten läßt oder unter etwas kriecht.

Deswegen ist die von uns beschriebene vorbereitete Umgebung um
vieles nützlicher, als man im allgemeinen annimmt.

● *Ein eigener Bereich für Ihr Kind*

Das Zimmer eines Säuglings so herzurichten, daß er direkt auf dem
Boden spielen kann, ist also gar nicht so schwierig. Aber nicht alle
Kinder haben das Glück, ein Zimmer für sich zu haben. Auch wenn
die Umsetzung nicht immer leicht ist, so ist es trotzdem notwendig,
einem kleinen Kind wenigstens den größten Teil des Tages eine eigene
Ecke zur Verfügung zu stellen und sie entsprechend vorzubereiten.

Da diese Zeit nicht allzu lange dauert, sollte es möglich sein, die Anordnung von Möbeln und Sofas zu verändern, auch wenn dies mit einigen Zugeständnissen an das ästhetische Feingefühl verbunden ist. Sessel mit einer guten Decke verhüllt und eine improvisierte Treppe, wie sie bereits beschrieben wurde, können in Verbindung mit einem Gitterbett, bei dem man einige Stäbe entfernt hat, einen Raum abgrenzen, in dem unser kleiner Held einiges zu tun hat und wo er in Ruhe seine Fähigkeit zu konzentriertem Arbeiten entwikkeln kann!

Solche Anordnungen sollten ziemlich regelmäßig überprüft werden: Was einmal eine wirksame Kletterrampe war, ist dies bereits zwei oder drei Monate später nicht mehr. Die Freuden im Zusammenleben mit einem Kleinkind sind auch mit Mühe verbunden! Aber später werden Sie sicher der Ansicht sein, daß diese Zeit viel zu schnell vergangen ist.

Wenn Sie Ihren Säugling sich im Wohnzimmer oder anderswo aufhalten lassen, dann ist es empfehlenswert, immer ein großes Tuch (z. B. ein Badetuch) und einen Korb für seine Spielsachen bereitzuhalten.

● *Das Spielgitter – ein geschützter Raum*

Rufen Sie sich folgendes in Erinnerung: Wenn Sie mit Ihrem Säugling schöne Augenblicke der Begegnung erleben, vorwiegend während der Pflege und den Mahlzeiten, daß er dann auch, lange Zeit sogar, alleine spielend verbringen wird, ohne Sie dabei zu beachten. Sie sind also nicht verpflichtet, ihn überallhin mitzunehmen, wo Sie sich gerade aufhalten. Sie können ihm irgendwo bequem einen durch Gitter geschützten Raum herrichten, dann auch aus der Entfernung mit ihm sprechen und von Zeit zu Zeit nach ihm schauen und ihm zulächeln!

Ein Spielgitter ruft oft Widerstand hervor, weil es mit seinen 1,20 mal 1,20 Meter für einen Säugling, der anfängt sich zu rollen, zu robben und zu kriechen viel zu klein ist. Ist es dem Bewegungsdrang des Säuglings angepaßt, kann es ein angenehmer Ort zum Spielen sein, wenn man darauf achtet, dort auch immer wieder interessante Gegenstände hineinzulegen, jene vor allem, die das Kind gern hat und kennt und mit denen es viele Erfahrungen machen kann.

128

Vermeiden Sie aber ein Laufställchen mit Netz, wo die Sicherheit des Kindes beim Festhalten nicht gewährleistet ist: Es wackelt und fällt leicht um – kurz und gut, es ist nicht brauchbar. Ein Nachteil eines zu kleinen Laufställchens ist auch, daß sich das Kind aufgrund mangelnder Bewegungsfreiheit oft zu früh aufstellt. Das gelingt ihm ziemlich leicht, seine Entwicklung ermöglicht es ihm aber noch nicht, ohne zu fallen oder ohne Hilfe, sich wieder auf den Boden zu begeben. Das Kind verharrt daher in dieser senkrechten Position, etwas eingeklemmt und angespannt. Es fühlt sich nicht wirklich wohl und erlebt genau die Nachteile, von denen wir schon gesprochen haben in bezug auf die zu früh eingenommene senkrechte Haltung.

Wenn es schon selbst problemlos aufstehen kann, um dann wieder auf den Boden zurückzukehren, hat ein genügend großes Spielgitter keine Nachteile mehr. Umgeben von entsprechendem Spielmaterial ist das Kind im Spielgitter aktiv und sieht gleichzeitig alles, was rundherum passiert. Dies kann zwar manchmal dazu führen, daß es heraus will, bewahrt aber auch davor, sich einsam bzw. ausgeschlossen zu fühlen.

Wie es dem Kind im Spielgitter geht, hängt einerseits von ihm selbst ab, vor allem aber auch von der Einstellung der Eltern und ob sie davon überzeugt sind, daß Ihr Kind eine ruhige, ungestörte Zeit für sich selbst braucht oder ob sie damit „Gefängnis" assoziieren. Natürlich muß es dort auch genügend Möglichkeiten zum Experimentieren vorfinden. Ein Säugling von sieben oder acht Monaten wird sicher zu weinen anfangen und herauswollen, weil er sich langweilt, wenn er dort mit irgendwelchen Kuscheltieren und einer Quietschgiraffe auskommen soll. Geben Sie ihm zwei Schüsseln und Schachteln, einen Würfel und Ringe. Es würde mich wundern, wenn er nach einem ersten Erstaunen die Gitterstäbe nicht vergessen würde.

Die Spielsachen im ersten Jahr

Angesichts der Fülle an Angeboten fragt man sich manchmal, welche Spielsachen man seinem Säugling geben soll. Vielleicht wird Sie einiges in diesem Kapitel überraschen!

● *Spielsachen, die das Interesse wecken*

Stofftiere sind zweifellos gut zum Kuscheln, was manche Kinder an das liebevolle Berührtwerden von den Eltern erinnert. Manche mögen sie sehr, andere kümmern sich gar nicht darum. Versuchen Sie, die Vorliebe Ihres Kindes wahrzunehmen. Viele davon sind überflüssig, vor allem wenn sie sehr groß sind, mehr die Erwachsenen als die Kinder erfreuen und den Platz im Zimmer wegnehmen. Aber vielleicht verwenden die Kinder sie dann später, wenn sie in ihrer Phantasie zu Theaterfiguren werden.

Im Folgenden finden Sie eine Liste von Gegenständen und Spielsachen, die von Säuglingen und Kleinkindern während ihrer selbständigen Tätigkeiten im Laufe eines Tages am häufigsten verwendet werden:

Von drei bis sechs Monaten:

- kleine viereckige farbige Tücher (sie lassen sich leicht greifen und tun nicht weh, wenn sie aufs Gesicht fallen)
- leichtes Spielzeug;
- längliche und leise Spielsachen;
- schmale farbige Plastikarmreifen oder Holzringe.

Von sechs bis neun Monaten:

- Bälle;
- kleine Körbe (einige von denen, die sich ineinander stellen lassen und so stabil sind, daß sie nicht rasch kaputt gehen, wenn der Säugling sie in den Mund nimmt), Brotkörbe, wie es sie früher gab, aus durchlöchertem Plastik;
- Plastikschüsseln in verschiedenen Größen;
- Würfel (weder zu groß, noch zu leicht);
- Becher und kleine hohle Gegenstände in der Art von Seifendosen;
- Eimer.

Von neun bis zwölf Monaten:

- hohle Spielsachen, Plastikschüsseln;
- Rasseln, bei denen das Kind sieht, wodurch das Geräusch hervorgerufen wird;

- Bälle;
- längliche Spielsachen (zum Aufstellen wie Plastikflaschen oder Holzkegel).

Also ungefähr das Gleiche wie vorher, nur etwas größer. Es ist vor allem der Gebrauch, der sich ändert.

Von zwölf bis fünfzehn Monaten:

Das Angebot wird sich erweitern, auch der Gebrauch wird vielfältiger, aber die Kegel und länglichen Spielsachen, die sich aufstellen lassen, die Plastikschüsseln und Eimer sind immer noch ihre bevorzugten Gegenstände.

Eine statistische Untersuchung hat außerdem gezeigt, daß in einer Gruppe von Säuglingen und Kleinkindern bei selbständigen Tätigkeiten im Alltag die Gegenstände, die die längste Zeit konzentrierten Tuns nach sich zogen – sozusagen eine Tätigkeitsdauer, während der das Kind seinen Blick nicht abwendet, folgende waren:
- von drei bis sechs Monaten: die farbigen Taschentücher;
- von sechs bis neun Monaten: Schüsseln und hohle Gegenstände;
- von neun bis zwölf Monaten: Bälle und Eimer.

● **Bücher und Spielsachen**

Das Interesse für Bücher entsteht zeitlich sehr unterschiedlich. Sie können im Alter von acht oder neun Monaten zwei oder drei bereitstellen und schauen, was passiert. Wählen Sie solche aus Karton mit sehr einfachen Zeichnungen. Ob sie dann von vorne oder hinten gehalten werden, hat überhaupt keine Bedeutung (das kann bis zum Alter von zwei Jahren dauern oder länger), manche Kinder sind begeistert, plappern voll Überzeugung und es scheint, als wählten sie manchmal sehr sicher aus. Andere wiederum interessieren sich erst später dafür, das soll Sie nicht beunruhigen!

Zwischen 15 und 18 Monaten spielen die Kinder immer vielfältiger bei gleichbleibenden Gegenständen, denen Sie noch andere hinzufügen können: Ringe, die sich auf einen Stab schichten lassen, größere Holzwürfel, Schachteln, in die sich in die passenden Löcher die entsprechenden Teile stecken lassen, Bücher aus Karton. Es ist dies auch das Alter, wo Rollenspiele ihren Anfang nehmen: Puppen, Autos, kleine Einrichtungsgegenstände, gebräuchliche Spielsachen, auf die wir noch zu sprechen kommen.

Der Großteil dieser Spielsachen ist leise. Man war immer der Meinung, daß Säuglinge von Dingen, die Lärm machen, beeindruckt seien. Ja, vielleicht fühlen sie sich davon angezogen, aber oft haben sie auch Angst davor. Manche Spielsachen erzeugen sehr schrille Töne, was ihnen eher unangenehm zu sein scheint. Da sie nicht wissen, wodurch diese Geräusche erzeugt werden, können sie leicht irritiert werden.

Die Kinder greifen nicht spontan danach, es sind oft die Erwachsenen, die sie benützen mit dem Bestreben, den Säugling zum Lachen zu bringen, ein bißchen so, als ob sie mit ihm Kitzeln spielen. Meistens regen sie ihn dabei mehr auf, als daß sie ihm tatsächlich Freude bereiten.

● *Der Reichtum gewöhnlicher Gegenstände*

Geben Sie Ihrem Säugling viele ganz gewöhnliche Gegenstände: Plastikschüsseln, in verschiedenen Größen und Farben, Löffel, Seifendosen, Ausgußgitter, Holzlöffel, Eiswürfelformen, farbige Armreifen, Papierkörbe mit Löchern, in die er sogar kriechend hineingelangen kann!

Beobachten Sie sein Interesse für diese Dinge (die man oft gar nicht Spielsachen nennt!) und wie er sofort jene auswählt, mit denen er auf die verschiedenste Weise hantieren kann. Sie werden staunen darüber, was er alles mit Bechern und Plastikschüsseln anfängt. Konzentriert, sich um niemanden kümmernd und manchmal den Anschein erweckend, als ob er seinen Atem anhält, manchmal leise, manchmal laut plappernd und dabei völlig vertieft in seine Tätigkeit; glücklich? Auf jeden Fall wirkt er ganz erfüllt von seinem Tun.

Eine Schüssel, ein Becher und ein würfelähnlicher Gegenstand waren die hilfreichsten Dinge, wenn ich in beratender Funktion ins Krankenhaus oder Säuglingsheim kam, um mit Kindern Kontakt aufzunehmen oder ihnen zu helfen, sich zu beruhigen, wenn sie sich nicht wohl fühlten (in den meisten Fällen kannten sie mich noch nicht). Das kleine Spielzeug aus der Schüssel zu nehmen und wieder hineinzutun, die Vertiefung zu fühlen, indem man die Hand oder das Gesicht auf den Boden der Schüssel legt, all das sind Aktivitäten, die junge Säuglinge interessieren und von großer Wirkung sind.

Diesen Gegenständen können Sie auch noch einige der im Handel befindlichen Dinge hinzufügen: Holzklappern, Plastikschlüssel, kleine Giraffen und andere Spielsachen aus Gummi. Und Lerntafeln? Obwohl sie schön aussehen, sind viele Kinder schnell damit fertig. *„Sie langweilt sich"*, sagen Sie, *„und will immer, daß man sie auf den Arm nimmt."* Schauen Sie daher lieber in Ihre Küchenschränke oder in die Plastikabteilung des Supermarkts. Das kostet nur eine Kleinigkeit, und sie nehmen auch kein großes Risiko auf sich: Legen Sie Ihren Säugling auf den Boden und neben ihn einige solcher Gegenstände und beobachten Sie ihn ein paar Tage lang: Sie können sich dann Ihre eigene Meinung bilden und feststellen, was ihm gefällt.

Einer unserer kleinen Söhne verbrachte viel Zeit mit diesen sogenannten Spiel- und Lerntafeln, auf denen sich drehende Rollen fixiert sind, Dinge, die ein Geräusch erzeugen, sobald man draufdrückt, ein kleiner Spiegel usw.; den anderen Sohn hingegen interessierten sie überhaupt nicht. Ein kleines Plastikhaus, dessen Türen und Dach sich öffnen ließen, hat den ersten begeistert, den zweiten dafür fast unberührt gelassen. Der wiederum liebte es, Bälle zum Rollen zu bringen, zu klettern und Geschichten zu erzählen!

Es ist daher schwierig, schon von vornherein zu sagen, was Ihr Kind gern haben wird, und Sie sehen hier, wie unterschiedlich Kinder sind.

● **Es ermöglichen, Gegenstände Schritt für Schritt zu entdecken**

Sie werden Ihrem Säugling selbstverständlich nicht alle Gegenstände auf einmal anbieten. Fangen Sie mit den einfachsten an und seinen Entwicklungsschritten entsprechend entscheiden Sie dann, wann und welche neuen Gegenstände Sie hinzufügen. Selbst wenn einem Kind keine neuen Möglichkeiten angeboten werden, wird es in seiner Entwicklung nicht stehenbleiben. Unabhängig von jeder Stimulierung, wird es innerhalb der normalen Entwicklung seiner neurologischen, sensorischen und motorischen Möglichkeiten seine Aktivitäten selbst immer wieder verändern, natürlich nur unter der Voraussetzung, daß ihm Gegenstände zur Verfügung stehen, die ihm dies erlauben.

Kinder, die jedoch lange im Bett, in der Babywippe oder auch am

Boden aber nur mit einigen Stofftieren oder Spielsachen, für die sie sich kaum interessieren, gehalten wurden, können nicht in dieser Weise die Gegenstände erkunden und entdecken und verlieren die Lust am Tätigsein. Sie spüren in ihrem Inneren nicht diese intensive Zufriedenheit über ihre eigenen Fähigkeiten.

Ein weinerliches Kind ist meist ein gelangweiltes Kind: Schauen Sie daher, ob Ihr Kind immer genug Möglichkeiten hat, Neues zu entdecken oder ob Sie die Umgebung verändern sollten. So wird es sicher glücklich sein, wenn Sie fünf oder sechs herkömmliche Gegenstände in seine Nähe legen. Es wird sie betrachten, den einen gegen den anderen klopfen, die Geräusche vergleichen, versuchen, den einen in den anderen zu geben, daran lutschen, sie weit weg werfen, ihr Gewicht abwägen. Und Sie werden erstaunt sein von den vielfältigen Tätigkeiten und der Ernsthaftigkeit, die es dabei entwickelt.

Bestimmte Dinge über dem liegenden Säugling aufzuhängen, kann manche erheitern, andere hingegen macht es nervös. Bedenken Sie, daß es diese Dinge nicht in die Hand nehmen kann, wann und wie es will.

● *Einige „Spielsachen" von zweifelhaftem Nutzen*

Spielseile

Von dem Zeitpunkt an, wo das Bett nur mehr zum Schlafen und nicht zum Spielen dient, werden einem diese Spielseile, die über die Betten gespannt werden, völlig deplaziert vorkommen. Vorher hindert es einen Säugling von einem oder zwei Monaten daran, seine Hände zu entdecken und sie ungestört kennenzulernen, wovon wir schon gesprochen haben. Die meisten Kinder spielen kaum damit. Bei manchen kann man sogar Verkrampfungen im Hals und in den Schultern beobachten (es ist schwierig, ein Kind wirklich in geeignetem Abstand darunter zu legen: Im allgemeinen liegt es zu nah oder zu weit entfernt). Einige scheinen richtig fasziniert zu sein von diesem Gegenstand und können sich kaum davon losreißen. Da diese Spielseile vorwiegend dazu bestimmt sind, Kinder zu veranlassen, ihre Hände auszustrecken, sich dann hochzuziehen, auszubalancieren und aufzurichten, ist in meinen Augen offensichtlich, daß sie überflüssig sind.

Spielsachen, die schwer zu handhaben sind

Im allgemeinen hören Kinder Geräusche aus den Spieldosen sehr gerne. Bedenken Sie jedoch: Ein Säugling kann sie nicht selbst bedienen, und wenn er verzweifelt seine Hände danach ausstreckt, verbietet man ihm, sie zu berühren. Schließlich sind sie manchmal auch zu laut.

Seien Sie auch auf der Hut vor Spielsachen, die nach außen sehr verführerisch wirken: Bewegliche Männchen oder Autos mit Feder- oder Batterieantrieb können schon eine Art Faszination auf Kinder ausüben: Sie lassen sie dann nicht mehr aus den Augen, wollen sie anfassen und bedienen, können aber im Grunde selbst gar nichts damit machen. Manchmal ist es ihnen nicht einmal erlaubt, sie zu berühren, weil sie sehr zerbrechlich sind. Daher geben solche Spielsachen schnell Anlaß zu Konflikten oder Enttäuschungen und entpuppen sich letztendlich als überflüssige Ausgabe.

Das Fernsehen

Schon Säuglinge sind fasziniert davon und können ihren Blick nicht mehr davon abwenden. Es ist offensichtlich, daß es so jungen Kindern nichts bringt, da sie überhaupt nicht verstehen, worum es geht. Für die Erwachsenen ist das Fernsehen ein sehr gefährliches Hilfsmittel, da Kinder, die davor gesetzt werden, sich tatsächlich oft ruhig verhalten und dann auch die Erwachsenen ihre Ruhe haben: Wenn man müde ist, setzt man oft alles daran, um das Nötigste so schnell wie möglich erledigen zu können oder um sich auszuruhen.

Jedoch ist die Gefahr groß, daß ein Kind durch das Fernsehen ein ständig verfügbares Vergnügen entdeckt, wodurch ihm viel lebendigere und reichere Möglichkeiten, sich zu beschäftigen, entgehen. Es gewöhnt sich daran, passiv Bilder aufzunehmen, auf die es nicht den geringsten Einfluß nehmen kann, mit einem geräuschvollen Hintergrund, der ihm dann in irgendeiner Form abgeht, wenn der Fernseher abgedreht wird.

Ein Kind fernsehen zu lassen, bedeutet vor allem, daß sich in ihm Tendenzen entwickeln, die jenen entgegengesetzt sind, die wir als so wertvoll für seine jetzige und zukünftige Entwicklung beschrieben haben. Manche Eltern sind wirklich im guten Glauben, daß dies ein Mittel sei, die Intelligenz ihrer Kinder zu fördern. Ich hoffe, daß ihnen durch dieses Buch viel reichhaltigere, wirksamere und weniger gefährliche Möglichkeiten eröffnet werden.

Da das Fernsehen im Alltag bereits zu einer Selbstverständlichkeit geworden ist, sollte jede Familie selbst darüber nachdenken, wie sie damit umgeht.

Ausgeklügelte Spielsachen

Zahlreiche andere ausgeklügelte und im allgemeinen sehr teure Spielsachen dienen dazu, die Kinder anzuregen. Sie sehen selbst, daß das nicht notwendig ist! Abgesehen von der Tatsache, daß sie oft kaum damit spielen – wie wir bereits bei den Spielseilen gesehen haben – machen sie das Kind abhängig von der Hilfe des Erwachsenen und beschränken seine übrigen Aktivitäten.

Nehmen wir z. B. ein Schaukelpferd, das sich bewegt, sobald man es berührt. Wie kann ein kleines Kind auf andere Weise hinaufgelangen als durch die Hilfe eines Erwachsenen? Und wie kommt es dann wieder herunter?

Zu allem Überfluß ist oft auch noch so eine Spiel- und Lerntafel auf dem Kopf des Pferdes befestigt: Oben festgeklemmt, unfähig, nach Belieben herunterzukommen, wie soll da ein Kind noch echtes Interesse für dieses Spiel nach dem ersten Augenblick der Überraschung entwickeln? Warten Sie daher, bis es von selbst hinaufklettern kann! Und dann gönnen Sie ihm das Vergnügen zu schaukeln ohne Lernabsichten!

Sie sehen, daß man sich manches sparen kann!

Wenn Sie übriges Geld zur Verfügung haben, dann heben Sie es für später auf, um vielleicht selbst eine kleine Klettervorrichtung zu bauen oder zu kaufen. Sagen Sie das auch Ihren Freunden, wenn sie nach einem geeigneten Geschenk fragen.

Das Alter der Erkundungen und des Forschens

Ihr Kind wird jetzt anfangen, zu krabbeln und sich vom Teppich fortzubewegen. Es wird sich an irgendwelchen Gegenständen aufrichten und seine Umgebung auf allen Vieren erkunden. Tief berührt werden Sie es eines Tages beobachten, wie es von einem Zimmer zum ande-

136

ren geht und seinen Kopf dabei wunderbar aufgerichtet hält, um alles wahrnehmen zu können, was sich um es herum befindet.

Wenn Sie wollen, daß sein Forschergeist nicht zu anstrengend für Sie wird, dann gehen Sie einmal durch Ihre Wohnung oder Ihr Haus auf der Suche nach gefährlichen und zerbrechlichen Dingen und entfernen diese – auch solche, die man ungern aufräumt, denn ihr Kind wird unermüdlich Gegenstände anfassen, betrachten, fallen lassen und auch daran lutschen. Manchen Kinder gelingt es sehr schnell, ihre Bewegungen zu kontrollieren und Verbotenes nicht mehr zu berühren, andere wieder haben genug Ausdauer, Ihre Geduld und Energie auf die Probe zu stellen! Es liegt an Ihnen zu entscheiden, wie weit sie mitspielen oder mit welch ruhiger Bestimmtheit Sie Grenzen setzen.

Sorgen Sie dafür, daß Ihr Kind einige Plätze vorfindet, wo es sich hochziehen kann, um sich dann vor einer ebenen Fläche wiederzufinden: ein kleiner Tisch oder ein Hocker, der seine Höhe hat und ihm ermöglicht, mit den Gegenständen mühelos zu hantieren.

Wir können drei Tätigkeitsbereiche unterscheiden:
– sein Zimmer oder seine persönliche Ecke;
– Haus oder Wohnung, die zu erforschen sind;
– im Freien.

● *Sein Zimmer oder seine persönliche Ecke*

In vielen Büchern werden Sie Anregungen finden, die Umgebung für das Spiel des Kindes entsprechend vorzubereiten, so wie auch wir bereits einiges erwähnt haben; bedenken Sie immer, daß Ihr Kind experimentieren, vergleichen und tätig sein möchte.

Sie können ohne weiteres teure und ausgeklügelte Spielsachen beiseite lassen und dafür solche bereitstellen, die die Bewegungsentwicklung ermöglichen. Kinder dieses Alters haben tatsächlich unbändige Freude beim Klettern und Herunterrutschen oder daran, durch einen Tunnel zu kriechen. Freuen Sie sich mit ihm, Sie als diejenigen, die diese Möglichkeiten entworfen haben, und Ihr Kind als dasjenige, das anschließend ganz für sich daran probieren kann!

Ein stabiler Sessel neben einem Erwachsenenbett oder einem etwas höheren Kanapee, mit einer Matratze am Boden auf der anderen Seite, kann schon einmal für einige Wochen einen spannenden Parcours bilden. Wenn Sie gerne mit Holz arbeiten, fallen Ihnen sicher auch Möglichkeiten für Klettergeräte ein.

In diesem Alter wird Ihr Kind sehr interessiert sein an allen Dingen im Haus, ebenso wird es noch gern mit Würfeln, großen Schüsseln und Ringen, die sich auf einem Stab übereinanderschichten lassen, spielen. Jetzt werden Gegenstände, die sich ineinanderstecken oder aufeinanderstapeln lassen, wichtig sowie verschiedene Bücher aus Karton.

Achten Sie darauf, daß Sie diese Sachen immer wieder in eine Ordnung bringen. Ein Spielzeugkoffer ist wahrscheinlich nicht die beste Lösung, da sich die Dinge dort in völliger Unordnung befinden: Würfel liegen neben Ringen, eine Puppe mit dem Kopf nach unten, eine einzelne Buchseite dazwischen. Ein kleiner Korb für alles, wofür Sie keinen geeigneten Platz finden, ist sicher nützlich. Aber die meisten Spielsachen sollten aufgeräumt sein. Sie wirken ganz anders, wenn sie liebevoll geordnet im Regal liegen: die Würfel beisammen, die Ringe gestapelt, die Büche nebeneinander, Spielzeug zum Zerlegen wieder zusammengefügt, die Puppe sitzend, mit dem Kopf nach oben. Die Freude, mit der sie dies tun, wird Ihr Kind wahrnehmen, ebenso wie es spürt, wenn Ihnen Aufräumen lästig ist; beides wird seine Einstellung zum ordnenden Umgang mit Dingen beeinflussen.

In einer Krippe schienen sich die Kinder einer Gruppe im Alter von 15 bis 18 Monaten zu langweilen, und die Erzieherinnen hielten es für notwendig, neues Spielzeug anzuschaffen. Da im Augenblick die nötigen Mittel fehlten, beschlossen sie, mehrmals täglich alle Spielsachen in Ordnung zu bringen, um „ihnen ein gefälligeres Aussehen zu geben".
Sie haben dabei bemerkt, daß die Kinder wieder Lust zum Spielen gewannen. An der Menge und Art der Gegenstände lag es offensichtlich nicht, sondern an der Notwendigkeit, die Umgebung immer wieder überschaubar und einladend zu ordnen.

Schauen Sie ruhig einmal in Ihren Schränken nach auf der Suche nach herkömmlichen Dingen! Beobachten Sie auch Ihr Kind: Durch einen unerwarteten Gebrauch eines Gegenstandes kommt Ihnen plötzlich wieder eine Idee. Eine kleine Haushaltsleiter kann tausenderlei Verwendungsmöglichkeiten finden: Flach auf dem Boden liegend ist sie für einen acht Monate alten Forscher ein richtiges Klettergelände; waagrecht aufgerichtet und an den Enden befestigt, kann sie eine Schranke darstellen, und schließlich senkrecht aufgestellt, wird sie zum außergewöhnlichen Klettergerüst, natürlich in Ihrer Gegenwart.

● *Das Zuhause*

Meist sind Küche und Badezimmer die bevorzugten Aufenthaltsorte von Kindern.

Die Küche ist aber kein unproblematischer Ort. Ein sehr heißer Ofen, Pfannenstiele, die überstehen oder Messer sind nicht ungefährlich im Beisein von kleinen Kindern, genauso wie diverse andere Küchengeräte. Davon wird oft genug gesprochen, sodaß es nicht notwendig ist, hier ins Detail zu gehen.

Vielleicht sollten wir aber einige Worte zum Thema Grenzen sagen: Behindern sie die gute Entwicklung eines Kindes?

Schützende Grenzen und einengende Grenzen

Wenn Grenzen nicht im Sinne von Strafe oder systematischer Beschränkung des kindlichen Raumes errichtet werden, beeinträchtigen sie das Kind nicht. Ein Gitter am oberen Ende einer Treppe stellt kaum ein Problem dar, aber die Zeitpunkte, wo Sie eines in der Tür eines Zimmers installieren, damit das Kind nicht heraus kann oder am unteren Ende einer Treppe, damit es nicht hinaufklettern kann, sollten gut überlegt sein. Ein zehn Monate altes Kind, dessen Möglichkeiten und Interesse, die Außenwelt kennenzulernen, schon viel größer sind als noch kurz zuvor, braucht auch einen größeren und abwechslungsreicheren Raum, wenn auch nicht unbedingt in jedem Augenblick.

Es ist daher ratsam, die Zeiten, wo Ihr Kind die ganze Wohnung oder das Haus erkunden kann, ungefähr festzulegen, genauso wie jene, wo es in seinem Zimmer bleiben wird. Man kann ihm auch erklären, daß es Räume gibt, wo es alleine keinen Zutritt hat (wie zum Beispiel das Zimmer der Eltern, wenn diese es für sich haben wollen und das kleine Kind in diesen Raum nur mit Erlaubnis und in ihrer Begleitung hinein darf).

Immer wieder sehen wir, daß ein kleines Kind lernen muß, sich in eine bereits bestehende Gesellschaft einzufügen und daß es nicht in einer Welt lebt, wo alle Wünsche erfüllt werden. Es kann auch eine bedeutsame Erfahrung für das Kind sein, kleinen Unannehmlichkeiten zu begegnen: z. B. nicht in die Küche gehen zu können, weil die Mutter gerade mit ihren Töpfen hantiert, und dann – nach einigen Augenblicken der Enttäuschung und des Ärgers – entdeckt das Kind einen Ball, den es den ganzen Flur entlang zum Rollen bringen kann. Es erfährt, daß es selbst einen Ersatz findet für Dinge, die ihm verwehrt wurden. Diese Erkenntnis ist besonders hilfreich, wenn man geneigt ist, sich schnell Vorwürfe zu machen: „Ich wollte ihn doch nicht in seinen Erkundungen einschränken!"

Besorgen Sie sich daher ein leicht entfernbares Gitter. An dem Tag, an dem Sie es aufstellen, werden Sie wahrscheinlich auf erstaunte oder unzufriedene Reaktionen stoßen. Sie können Ihrem Kind anfangs dabei helfen, sich damit anzufreunden, wenn Sie sich mit ihm in sein Zimmer oder den abgegrenzten Bereich begeben. Dann hat es vielleicht Lust, die dort befindlichen Spielsachen zu nehmen und Sie an seiner Aktivität teilnehmen zu lassen. Dadurch wird die Gegenwart des Gitters mit einem vergnüglichen Erlebnis verbunden und nicht mit einem unerfreulichen: Das Kind entdeckt das Gitter mit Ihnen zusammen von innen und nicht so, daß Sie außerhalb davon sind, als wäre es ein Hindernis, zu Ihnen zu gelangen.

Darüber hinaus erklären Sie ihm immer wieder, daß es Momente gibt, wo es im Zimmer spielt und solche, wo es überall herumspazieren kann: „Jetzt spielst du in deinem Zimmer; gleich nachher, wenn ich fertig bin, kannst du herauskommen."

Hier beginnt ein behutsames Einführen in Regeln und ein erstes Kennenlernen von Zeitstrukturen: jetzt, nachher, ein bißchen später.

Die Notwendigkeit all dieser Vorsichtsmaßnahmen hängt vom Kind und von den jeweiligen Phasen ab: Kinder, die ruhige Tätigkeiten bevorzugen, lassen sich kaum dadurch stören, andere hingegen werden heftig protestieren. Wir werden im Kapitel zum Thema Regeln (s. 2. Band) noch darauf zu sprechen kommen, aber wir sehen schon jetzt, wie hilfreich es für ein Kind sein kann, wenn Entscheidungen auch in ganz banalen Situationen klar und deutlich getroffen werden, immer in der gleichen freundlichen und ruhigen Art, doch konsequent – außer wenn Sie feststellen sollten, daß Sie sich geirrt haben, was Sie auch erklären können – darüber werden wir noch sprechen.

Gefahrloses Sich-Aufhalten in Küche und Bad

Wenn die Einrichtung der Küche sich dazu eignet und keine aktiven Gefahren vorhanden sind, ist es sicher möglich, daß Ihr Kind sich dort aufhält, wenn Sie es im Auge behalten.

Mit einem kleinen Hocker oder Tisch, auf den das Kind – wenn möglich – allein raufklettern kann, wird das Spülbecken zum Arbeitsplatz! Abwaschen, den Salat waschen oder endlos mit Plastikgegenständen spielen: Die Freude, die Sie dabei beobachten werden, ist es wohl wert, einmal zwei Lappen mehr auszuwringen!

Sie können Ihrem Kind auch ein oder zwei Schränke zur Verfügung stellen, während Sie die anderen gut verschließen. Die einen kann es jedoch jederzeit öffnen, ausräumen und dabei faszinierende Dinge entdecken: Tiefkühlbehälter, Schraubdeckel, Korken, Küchensiebe, Käseschachteln oder Eiswürfelbecher.

Manche Küchen sind ideal für solche Arbeiten, andere wieder weniger. Es geht nicht darum, die Küche zum Spielplatz zu erklären, sondern es ist wichtig, daß es Orte zum Erkunden und Entdecken gibt.

Denken Sie immer daran, daß es lange dauert, bis Kinder eine Vorstellung von Raum, Größe, Tiefe, Entfernung und ähnlichem entwickeln. Das ist sicher auch der Grund, warum sie so viel Zeit damit verbringen, Gegenstände immer wieder ineinanderzustecken. Geben Sie ihnen Schachteln und größere Behälter sowie kleine Dinge zum Hineintun (denken Sie auch später daran, wenn Ihr Kind schon älter ist und Sie Ihre Knopfschachtel öffnen, ihm gleichzeitig zwei Schachteln und große Knöpfe zu geben: Sie werden sehen, daß es ausdauernd damit beschäftigt sein wird, alle Knöpfe von der einen in die andere zu geben und wieder zurück).

Auch das Badezimmer kann Kinder in seinen Bann ziehen. Manche können stundenlang neben dem Bidet spielen, das sich von der Höhe her sehr gut dazu eignet, ohne allzu große Überschwemmungen zu verursachen. Den Wasserhahn auf- und zudrehen, den Abfluß zu- und wieder aufmachen, zuschauen, wie das Wasser dabei abrinnt, dann wieder nicht, und dann ganz verschwindet – wie viele Anläße zum Staunen und Nachsinnen!

Sie werden selbst sehen, was Ihre Wohnung oder Ihr Haus Ihrem Kind an Möglichkeiten bietet und wie es sie nutzt.

Umsicht und Behutsamkeit lernen

Scheuen Sie sich nicht, Ihr Kind etwas erfahren zu lassen, was Ihnen ein wenig riskant erscheint wie z. B. eine Tür zu öffnen und zu schließen. Durch eine schwere Schachtel oder volle Waschmittelpackung können Sie unter Umständen verhindern, daß sich diese ganz schließt. Manche Kinder verbringen viel Zeit damit, sich aufzurichten und sich mit dem Türflügel, der sich vor- und zurückbewegt, von der Stelle zu bewegen: Jauchzend spielen sie dabei mit ihrem Gleichgewicht. Ein bißchen später können Sie dann, wenn Sie dabei sind, die Schachtel in der Tür entfernen. Ist Ihr Kind es gewohnt, alleine zu spielen, wird es schon achtgeben und sich nicht die Finger einklemmen.

Wenn Sie ihm aber ununterbrochen sagen: „Laß die Türe in Ruhe, du wirst dir die Finger einklemmen!", dann wird es dauernd danach greifen wollen, obwohl es weiß, daß ihm das verboten wurde. Dies ist nicht die beste Voraussetzung, um umsichtig zu werden! Wenn Sie ihm aber gezeigt haben, worin die Gefahr besteht und es dann ausprobieren lassen, dann wird es diese Erfahrung viele Male wiederholen: die Tür so weit schließen, bis es dunkel ist, sie von neuem wieder öffnen, wieder schließen, wieder öffnen. Vielleicht sehen Sie auch, wie Ihr Kind selbst die Tür auf seine Finger drückt, um auszuprobieren, was Sie ihm gesagt haben. Ein Beweis für seine Intelligenz und für die Tatsache, daß es sich nicht wie ein passiv gehorchendes Wesen verhält, sondern daß es zu verstehen versucht und sich das aneignen möchte, was man ihm sagt. Wir lernen hieraus, daß wir ihm vertrauen können.

Ihr Kind will das, was sie ihm gezeigt haben, sich selbst zu eigen machen. Glauben Sie, daß es gerne leidet? Wenn es sich weh getan hat, wird es keine Lust haben, dies zu wiederholen. Im umgekehrten Fall wird es immer versuchen wollen, das zu tun, was Sie ihm verboten haben. Ich glaube, dies ist ein gutes Beispiel für ein eigenständiges Lernen, das nicht den Erwachsenen zuliebe geschieht, sondern von innen heraus und auch immer wieder bereitwillig in Frage gestellt wird.

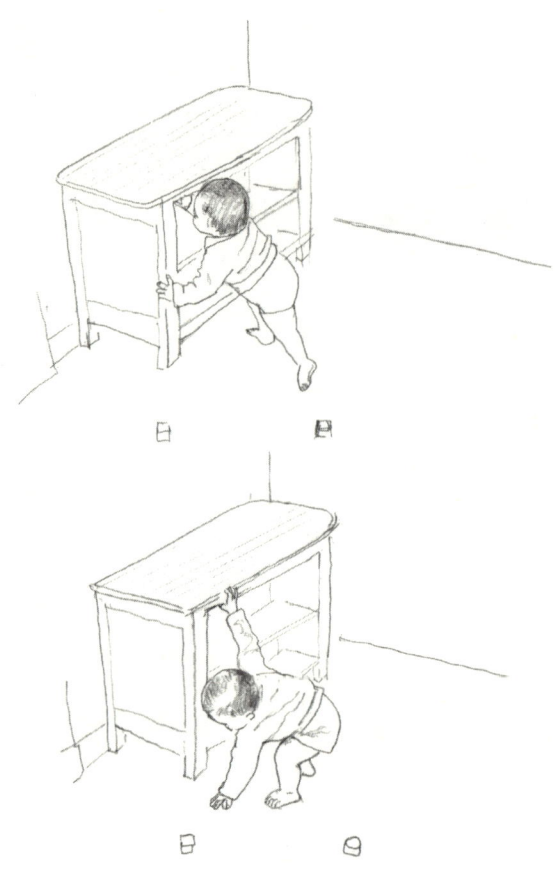

Dieses Kind richtet sich auf und beugt sich dann wieder zum Boden: eine sehr langsame Bewegung, an der sich die Konzentration, Behutsamkeit und Vorsicht ablesen läßt, „um sicher zu sein" (wie man beim Klettern sagt). Es sucht einen sicheren Stand, breitbeinig, mit Knien und Hüftgelenken leicht gebeugt, versucht es mit den Zehen den Boden zu ergreifen.

Falls es am Ende der Bewegung ein bißchen das Gleichgewicht verlieren sollte, wird es nicht weinen, sondern sich geschmeidig auf den Boden fallen lassen, mit aufmerksamem Blick – vielleicht lächelnd oder sogar triumphierend – bereit, sich wieder aufzurichten und den Versuch abermals zu beginnen, solange kein Erwachsener es dabei unterbricht.

144

Wenn Ihr Kind sich in seiner Bewegungsentwicklung frei entfalten kann, werden Sie beobachten, daß es diese Versuche sehr ruhig unternimmt. Man kann hier den Unterschied hervorheben zwischen sich verletzen und sich ein bißchen wehtun. So sehr eine Verletzung unter allen Umständen zu vermeiden ist, so nützlich kann es sein, sich ein bißchen weh zu tun. Ein Kind, das heruntergefallen ist, weil es an einen für es noch zu schwierigen Ort geklettert ist, oder das sich mit dem Hammer auf den Finger geklopft hat, wird dadurch sich selbst, seine Möglichkeiten und die Wirklichkeit immer besser kennenlernen.

Ist es notwendig zu schimpfen, oder sollte es nicht eher bestärkende Worte hören: „Schau, jetzt hast du was gelernt, daran wirst du dich erinnern. So wird man größer und mit der Zeit immer geschickter"? Versuchen Sie, die Dinge positiv zu formulieren!

Ein Erlebnis, das als Mißerfolg oder Ungehorsam angesehen werden könnte, wird für das Kind auf diese Weise zu einer Gelegenheit, daran zu wachsen, eine immer positivere Vorstellung von sich selbst zu gewinnen und innerlich immer selbständiger zu werden. Bereiten wir es so nicht auch darauf vor, eine gewisse Unabhängigkeit im Denken und die Fähigkeit zu konstruktiver Kritik zu entwickeln? Auf jeden Fall kommt Ihr Kind dazu, selbst etwas mehr mitzudenken.

Für ein Kind, das Gelegenheit zur freien Bewegungsentwicklung hat, braucht man keinen Helm zu kaufen, wie es einmal üblich war, um seinen Kopf zu schützen, noch Schutzkappen für die Tischkanten. Es hat selbst gelernt, vorsichtig zu sein und wird keine dieser äußeren Schutzmaßnahmen brauchen.

Selbstverständlich schließt dies alles Ihre aufmerksame Umsicht nicht aus. Auch an Ihnen liegt es, Ihre Intelligenz ins Spiel zu bringen! So nützlich es sein kann, ein Kind an Treppenstufen probieren zu lassen, wenn man dabei ist und in Bereitschaft, so wichtig ist es, ein Gitter anzubringen, um es vor dem Herunterfallen zu bewahren, falls man gerade anderweitig beschäftigt ist. Nur so kann es sich ohne äußere Gefahren und Angst in völliger Sicherheit entwickeln. Kinder sollten auch manche Erfahrungen oder Spiele abseits von den Erwachsenen machen können. Daher müssen diese dafür sorgen, daß das Risiko nicht zu groß ist.

Ich werde Ihnen hier einige Aktivitäten aufzählen, die meine kleinen Jungen fasziniert haben. Ihre eigenen Kinder werden wiederum viele andere Einfälle haben:

- *den Schrank mit Konserven ausräumen, die Dosen zum Rollen bringen, sie auftürmen; bei der Rückkehr vom Einkauf den ganzen Inhalt eines Kartons erforschen; ganz allein auf einen Schemel gleich neben dem Waschbecken klettern und abwaschen, das Gemüse waschen;*
- *die Kissen auf einem Sofa hin- und wieder wegräumen (beim Aufräumen und beim Bettenmachen helfen);*
- *auf den Hocker hinauf- und herunterklettern;*
- *zusammenkehren;*
- *in große Schachteln hinein- und wieder herausklettern, sich darin verstecken.*

Die handwerklichen Tätigkeiten des Vaters zogen regelmäßig die Aufmerksamkeit auf sich. Man kann einem Kind Holzstücke anbieten, einen nicht allzu großen Hammer, ihm englische Schlüssel oder Zangen geben. Dies ist sicher bei einem aufgeregten Kind nicht möglich, aber bei einem ausgeglichenen Kind, das von Anfang an gewöhnt ist, sich selbständig zu betätigen, ist es ist kein Problem.

Zwei Schachteln mit Suppensäckchen haben einen meiner Jungen mehr als eine Woche lang begeistert: die Säckchen aus der Schachtel zu ziehen war schon nicht einfach, sie dann aber wieder hineinzugeben, war eine äußerst langwierige und minutiöse Aufgabe. Und waren sie einmal draußen, dann konnte man sie aneinanderreihen, aufeinanderschichten, sie verstecken oder zusammendrücken und vieles mehr. Den zweiten hat das nie interessiert. Die Milch- und Saftpackungen erwiesen sich als sehr solide, wenn sie übereinandergetürmt als Pferde benutzt wurden.

Werfen Sie zum Vergleich einen Blick auf diese ein- bis anderthalbjährigen Kinder – eingepackt in ihre Kleidung – wie sie von ihren wohlmeinenden Eltern auf die Rutschbahn gesetzt werden, um hinunterrutschen zu können, ohne daß sie dazu wirklich Lust hätten, denn sie wissen ja noch gar nicht, was da mit ihnen geschieht, und vor allem sind sie noch gar nicht fähig, loszulassen, um herunterzurutschen.

146

Zunächst beunruhigt, weil sie auch nicht wissen, wie sie sich festhalten sollen, gewinnen sie letztendlich doch eine gewisse Freude daran, mit einem etwas verkrampften Lächeln und einer gewissen Begeisterung als Antwort auf den Erwachsenen. Sie verlangen dann immer wieder danach, obwohl sie nicht in der Lage sind, alleine hinunterzugelangen und noch weniger, selbständig wieder hinaufzuklettern: *„Sie sehen doch selbst, daß er das mag, warum soll ich es ihm dann nicht ermöglichen?"*

Warum? Warum läßt man ein Kind abhängig werden und ein Vergnügen entdecken, daß es nur durch die Hilfe eines anderen erleben kann und wobei es sich zudem noch verspannt? Warum die Vielfalt seiner selbständigen Lernprozesse begrenzen: sein Spiel mit dem Gleichgewicht, aus dem sich Körperkontrolle und Umsicht entwickeln.

Dieselbe Erfahrung – etwas später aufmerksam begleitet von einem Erwachsenem – vermittelt ihm die Freude, sich selbst dieses Vergnügen verschafft zu haben, so wie viele andere auch. Es ist ein weiterer Schritt auf dem Weg zu innerer Unabhängigkeit und Autonomie.

Sie können Ihrem Kind getrost vertrauen, es wird auf diese Rutschbahn hinaufklettern und vor allem auch wieder herunterkommen! Nur etwas später, wenn es sein eigener Wunsch ist und es sich dazu fähig fühlt. Seien Sie in seiner Nähe an diesem Tag, und Sie sehen selbst, ob es irgendwann eine leichte Unterstützung braucht. Man braucht nicht dogmatisch zu sein.

● *Im Freien*

Jeder weiß, wie gern Kinder sich im Freien aufhalten, was viele Eltern, die in kleinen Wohnungen leben, belastet. Haben Sie schon einmal daran gedacht, Ihr Kind auch im Winter mit einem dicken Pullover oder Mantel und mit einer Mütze neben einem weit geöffneten Fenster spielen zu lassen? Sollten Sie einen Balkon haben, dann kann es zu jeder Jahreszeit hinausgehen!

Vielleicht geht es ihm dann gesundheitlich besser: Im Lóczy verbringen alle Kinder ihre Mittagsruhe im Freien, auch im Winter! Ich habe es ausprobiert: Es läßt sich tatsächlich bewerkstelligen (in der Nähe von weit geöffneten Fenstern z. B.), auch wenn man darüber erstaunt ist! Die Kinder schlafen gut, haben eine gute Farbe und wirken sehr entspannt. Ich erinnere mich an eine Kinderkrippe, wo zwei oder drei Säuglinge mittags nicht schlafen konnten und es ihnen erst gelang, als man sie auf die Terrasse umsiedelte.

Ich werde Ihnen sicher nichts Neues erzählen von dem Staunen der Kinder über Bäume und Vögel und von der Freude der Erwachsenen, wenn sie ihre Kinder dabei beobachten! Wählen Sie daher bequeme Kleidung aus, die sich gut waschen läßt, um die Entdeckungen Ihres Kindes nicht zu bremsen und damit es seinem Rhythmus entsprechend laufen kann oder auch Zeit hat, andächtig eine Ameise oder einen Stein zu beobachten.

Lassen Sie Ihr Kind sich ruhig so weit entfernen, bis es Sie fast nicht mehr sieht, damit es selbst wieder zurückkommen und sich sozusagen mit der Entfernung vertraut machen kann. Wenn Sie sich schon etwas an die freie Bewegungsentwicklung gewöhnt haben, werden Sie nicht unruhig. Sie werden auch nicht vorstürzen, um Ihrem Kind beim Klettern zu helfen, um es am Fallen zu hindern oder es aufzuheben. Sie lassen es, soweit möglich, sich selbst zurecht finden.

Der Beginn organisierter Tätigkeiten (15–20 Monate)

Im Alter von 15 bis 20 Monaten nimmt das Entdecken und Forschen noch immer einen großen Raum ein, aber die mehr oder weniger organisierten Aktivitäten nehmen zu: nachahmen, all das tun, was man zuhause und außerhalb beobachtet, sammeln und bauen.

● *Die Eigeninitiative ermöglichen*

Das Prinzip bleibt auch hier das gleiche: Geben Sie Ihrem Kind die Möglichkeit, zu spielen, zu probieren, zu schaffen und die Initiative zu ergreifen. Ihre Haltung wird sich Schritt für Schritt ändern: Sie werden hin und wieder etwas erklären oder zeigen, bei bestimmten Aktivitäten etwas mehr teilnehmen.

Da Ihr Kind jetzt anfängt, in seinen Spielen alles nachzuahmen, was es beobachtet, braucht es Puppen, Fläschchen, kleines Geschirr (Puppengeschirr interessiert es noch nicht, es spielt lieber mit ech-

ten, kleineren und unzerbrechlichen Gegenständen: kleinen Plastik-
tellern, Picknickbechern und ähnlichem), kleine leere Lebensmittel-
packungen, Baumaterial, Autos, eine Garage, einen Zug, kleine
Musikinstrumente bereiten ihm gleichermaßen Freude.

Auch die Jungen spielen gern alles nach, was sie zuhause beobachten, sei es, sich um einen Säugling zu kümmern, zu kochen oder zu
putzen. Puppen, kleine Teller und Fläschchen sollten daher nicht
von vornherein in einem Jungenzimmer fehlen. Tatsächlich wissen
wir jetzt, daß wir alle einen kleinen Anteil des anderen Geschlechts
in uns tragen und daß es uns umso besser geht, je weniger wir dies zu
leugnen versuchen. *

● **An den häuslichen Tätigkeiten teilnehmen lassen**

In diesem Alter wollen die Kinder vor allem am wirklichen Leben
teilnehmen: Wenn Sie schon früher zugelassen haben, daß Ihr Kind
viele Gegenstände entdecken und erforschen konnte, haben Sie sicher viel Freude dabei, es zu beobachten, wie es an Ihren Tätigkeiten
teilnimmt, wenn auch gelegentlich mit gemischten Gefühlen.

Die Kinder wollen beim Tischdecken oder beim Ausräumen des
Geschirrspülers mithelfen, genauso beim Abwaschen vom Besteck
oder von Plastikbehältern, beim Wäscheaufhängen und Basteln,
beim Herbeitragen von Geräten oder Brettern, beim Autowaschen
und vielem anderem.

„Ich hätte meine Kinder das nie machen lassen", sagte mir eine
Großmutter voller Bewunderung, nachdem sie einem Augenblick
beunruhigt war beim Anblick eines Stapels Teller, der gerade von
meinem kleinen Sohn aus dem Geschirrspüler geräumt wurde. *„Man
ließ früher die kleinen Kinder das alles nicht machen, aber Sie haben Recht."*

Viele junge Eltern – und sehr wohlmeinende – denken nicht daran,
solche Gelegenheiten der Zusammenarbeit einzuplanen, oder sie
können sich das gar nicht vorstellen.

Sie können diese Zeit der Zusammenarbeit an Tagen ausprobieren,
an denen Sie genug Zeit haben: Sie werden sehen, wozu Ihr Kind in
der Lage ist und was Sie es alles machen lassen können: Kinder in

---

* s. Paule Salomon, La Sainte Folie du couple, Albin Michel, 1994

diesem Alter lieben es, Ihnen überallhin zu folgen und vieles mit Ihnen gemeinsam zu tun. Das hat manchmal seinen Reiz, manchmal ist es auch anstrengend (und wie immer, von Kind zu Kind verschieden). Man kann ihnen auch nicht zu jeder Zeit diese leidenschaftlichen Versuche ermöglichen!

Wenn Sie jedoch einmal beobachtet haben, mit welcher Konzentration ein Kind die Gabeln aus dem Geschirrspüler nimmt und welch innere Befriedigung es spürt, alle auf dem Tisch zu sehen, und wenn dann noch Ihr Blick dem seinen begegnet und stille Bewunderung ausdrückt, dann werden Sie bemerken, daß etwas ganz Bedeutsames für das Kind vor sich gegangen ist. Als ob sein Ich ein wenig stärker geworden ist nach dieser winzigen und doch so wichtigen Erfahrung, von der es ganz erfüllt ist.

● *Neue Spiele*

Die sogenannten Lernspiele begeistern es vielleicht: Behälter, von denen der eine in den anderen paßt, Puzzles, Steckspiele. Ihr Kind fängt an, mehr zu zeichnen und dem, was es gezeichnet hat, Bedeutung zu geben. Es wird Bücher anschauen und darum bitten, ihm die Geschichte zu erzählen.

Wenn Ihr Kind möchte, daß Sie mit ihm spielen, dann sollten Sie wachsam sein dafür, ihm die Initiative zu überlassen: seinen Ideen fol-

gen, eigene beisteuern, aber immer behutsam, nicht, indem Sie Ihrem Kind und seinen Impulsen vorgreifen. Ihr Kind wird Sie beobachten und vieles imitieren. Es handelt sich dabei aber nicht um Belehren, sondern um seine Art, sich das, was es hört und sieht, anzueignen. Ihre eigentliche Aufgabe besteht nach wie vor vor allem darin, ihm eine Umgebung vorzubereiten, in der es Dinge vorfindet, die seinem Interesse, seinen Bedürfnissen entsprechen und die es ihm ermöglichen, aktiv und lebendig sein Potential zu entfalten. Dafür verschafft ihm Ihre wohlwollende Aufmerksamkeit, die seine Aktivitäten bestärkt, eine sichere und entspannte Atmosphäre.

Wundern Sie sich nicht über unterschiedliche Rhythmen. Manche Kinder spielen ganze Wochen dasselbe Spiel, das sie dann völlig beiseite lassen zugunsten eines anderen. Andere Kinder wiederum variieren ihre Aktivitäten im Lauf desselben Tages.

Nachwort zur deutschen Ausgabe:

Vielleicht haben Sie jetzt den Eindruck, daß Ihr Kind auf diese Weise immer fröhlich und zufrieden ist und daß Sie es in seinen Erkundungen weder beschränken können noch müssen.

Passen Sie auf,
es könnte hier zu einem Mißverständnis kommen

Sie werden sehr bald entdecken: Auch wenn die glücklichen Momente zahlreich sind, ist ihre Dauer begrenzt und Sie sind geradezu verpflichtet, Ihrem Kind Grenzen zu setzen, es auf Gefahren aufmerksam zu machen und Verbote auszusprechen. Mit der Zeit werden Sie sehen, wie es innerhalb dieser Grenzen – so schwer es ihm manchmal auch fällt, sie zu akzeptieren – seine Energie sammeln und konzentriert tätig sein wird. In der Sicherheit, die ihm Ihre verständnisvolle Anwesenheit gibt, werden ihm Grenzen helfen, sich zu orientieren und seine Entdeckungen über sich selbst und die Welt zu ordnen.

Großwerden ist auch mit Gefühlen wie Frustration, Traurigkeit und Angst verbunden: Ein Kind erfährt dabei, daß es nicht allmächtig ist und nicht das am meisten geliebte ist, daß es nicht alles sofort und jederzeit haben kann – so wie es beim ganz jungen Säugling der Fall ist. Dies ist eine schwierige „Arbeit", die das ganze Leben andauert. Wir Eltern sollten uns dies öfter bewußt machen, um nicht vom Kurs abzukommen. Unser heranwachsendes Kind braucht sichere, bestimmte und vertrauensvolle Eltern.

All diese Aspekte werden im zweiten Band behandelt, wo es auch um das Thema „Trennungen" geht, wenn Sie beispielsweise Ihr Kind von jemand anderem betreuen lassen und nach Lösungen suchen, wie Sie am besten mit den dabei auftauchenden Schwierigkeiten und starken Gefühlen umgehen. Es gibt immer Möglichkeiten!

In diesem Sinne alles Gute und bis bald!

Weiterführende Literatur

Emmi Pikler, **Friedliche Babys – Zufriedene Mütter**, Verlag Herder, Freiburg 1982

Emmi Pikler, **Laßt mir Zeit**, Pflaum Verlag, München 1988

Emmi Pikler u. a., **Miteinander vertraut werden**, Arbor Verlag, Freiamt 1994; gekürzte Taschenbuchausgabe bei Herder/Spektrum 1997

Myriam David, Geneviève Appell, **Lóczy – Mütterliche Betreuung ohne Mutter**, Cramer-Klett & Zeitler Verlag, München 1995

Eva Kálló, Györgyi Balog, (Hg. Ute Strub, Anke Zinser), **Von den Anfängen des freien Spiels**, Schriftenreihe der Pikler Gesellschaft, Berlin 1996

Marian Reismann, Anna Tardos, **Beziehungen**, Schriftenreihe der Pikler Gesellschaft, Berlin 1991

Maria Vincze, **Schritte zum selbständigen Essen**, Schriftenreihe der Pikler Gesellschaft, Berlin 1992

Eva Kálló, **Wie wir den Kindern von ihrer ganz persönlichen Geschichte erzählen**, Cramer-Klett & Zeitler Verlag, München 1994

Monika Aly, Gözu Aly, Morlind Tumler: **Kopfkorrektur. Ein behindertes Kind zwischen Alltag und Therapie.** Rotbuch Verlag, Hamburg 1981/1991

Monika Aly, **Manipulative Frühtherapie als Störung bei gesunden und kranken Kindern**, Krankengymnastik 37. Jg. 1/1985, S. 5–10, Pflaum Verlag, München

Monika Aly, **Die therapeutische Begleitung des kleinen MMC-Kindes**, Krankengymnastik 44. Jg. 3/1992, Pflaum Verlag München

Rebeca Wild, **Erziehung zum Sein**, Arbor Verlag, Freiamt 1986

Rebeca Wild, **Sein zum Erziehen**, Arbor Verlag, Freiamt 1990

Rebeca Wild, **Kinder im Pesta**, Arbor Verlag, Freiamt 1993

Filme aus dem Pikler Institut

Active Live

It's a pleasure to move

It's a pleasure to bath

Me, too

Taking a walk

More than just play

Alone – independently

Verleih: IWF, Nonnenstieg 72, 37975 Göttingen (Tel.: 0551–50240)

Videos aus dem Emmi-Pikler-Institut

Anna Tardos und Geneviève Appell: **A baby's attention at play**, 1990

Anna Tardos und Geneviève Appell: **Paying attention to each other – infant and adult during the bath**, 1992

Anna Tardos und Agnès Szanto: **Sich frei bewegen**, 1996

Vertrieb: Pikler-Lóczy-Gesellschaft, Lóczy Lajosu.3, 1022 Budapest, Ungarn (Fax: 0036-1-2124438)

Adressen

Association Pikler-Lóczy de France, Pour une reflexion sur l'enfant, 250 boulevard Raspail, 75014 Paris, tel.: 0033-01-42180585, fax.: 0033-01-43218466

Pikler-Lóczy-Gesellschaft, Lóczy Lajosu.3, 1022 Budapest, Fax: 0036-1-2124438

Pikler Gesellschaft Berlin e.V., Verein für Bewegungsentwicklung und Integration, Grunewaldstraße 82, 10823 Berlin, Tel.: 030-7844445, Fax: 030-7849329

Pikler-Hengstenberg-Gesellschaft Wien, Verein zur Unterstützung von selbstbestimmtem Lernen und einem respektvollen Umgang mit Kindern, Erwachsenen und sich selbst, Novaragasse 38A/13, 1020 Wien, Tel/Fax: 0043-1-2125295

Freundeskreis mit Kindern wachsen e.V., Am Herrwald 6, D-79348 Freiamt, veranstaltet Seminare mit Anna Tardos, Rebeca Wild und anderen für Eltern und Erzieherinnen und gibt die Zeitschrift *Mit Kindern wachsen* mit regelmäßigen Artikeln zur Piklerarbeit heraus. Kostenloses Probeheft auf Anfrage (bitte Rückporto beilegen).

Dank

Ich möchte mich hier besonders bei Anna Tardos und Judith Falk bedanken, denen diese Untersuchungen in Ungarn zu verdanken sind, bei Myriam David und Geneviève Appell, die sie in Frankreich bekannt machten und sie durch ihre Arbeit bereichern. Dank ihrer genauen Beobachtungen und aufgrund ihres Respektes Kindern gegenüber haben sie es uns ermöglicht, diese außergewöhnlichen Erfahrungen kennenzulernen.

Mein Dank geht auch an Agnès Szanto-Feder, die dieses Buchprojekt von Anfang an unterstützt hat und mir in vielen Punkten beratend zur Seite gestanden ist.

Ich bedanke mich auch bei Daniela Pichler-Bogner, die dieses Buch übersetzt hat, für den Respekt, den sie dem Geist und der Botschaft dieses Buches entgegengebracht hat. Ein Dankeschön an Ute Strub für ihre genauen Beobachtungen und Ratschläge.

Danke auch allen Eltern, Erzieherinnen und sonstigen Menschen, die sich um die kleinen Kinder kümmern und mit denen ich im Laufe meines Berufslebens so vieles gelernt und erfahren habe.

Ein Dankeschön auch allen diesen noch ganz kleinen Kindern, die ich erlebt und deren Freude wie Trauer ich oft geteilt habe, für all das, was sie mich entdecken ließen und für das Vertrauen in das Leben, das sie mir weitergegeben haben.

Leben in der Familie

Peter Veith
Eltern machen Kindern Mut
Zuhören, achten, verstehen lernen
Mit vielen Skizzen und Piktogrammen
208 Seiten, Klappenbroschur
ISBN 3-451-26284-3
Wie Kinder gestärkt werden – ohne Vorwürfe, Kritik und Strafe.

Karin Schaffner
Mit allen Sinnen die Welt erfahren
Geschichten und Spielanregungen für Kinder und Eltern
128 Seiten, Klappenbroschur
ISBN 3-451-26283-5
Spiel und Spaß für Erwachsene und Kinder – und wie Kinder dabei lernen
können.

Ursel Maurer/Edith Stephens (Hrsg.)
Halt mich ganz fest, daß ich deine Liebe spüre
Vorwort von Jirina Prekop
160 Seiten, Klappenbroschur
ISBN 3-451-26248-7
Kinder brauchen festen Halt – auch physisch. Ein praktischer Leitfaden.

Daniela Liebich
Mit Kindern richtig reden
Wirksam erzählen, ermahnen, erklären
160 Seiten, Klappenbroschur
ISBN 3-451-26155-3
Regeln und Tips für ein lebendiges Miteinander – ohne Streß und Frust.

Petra Nispel
Mutterglück und Tränen
Depression nach der Geburt verstehen und überwinden
160 Seiten, Klappenbroschur
ISBN 3-451-26150-2
Die Krise nach der Geburt – postnatale Depression

HERDER

Gisela Preuschoff
Kinder zur Stille führen
Meditative Spiele, Geschichten und Übungen
160 Seiten, Klappenbroschur
ISBN 3-451-23897-7
Die Autorin gibt konkrete Tips, wie Kinder auf den Weg der
Ausgeglichenheit zurückgeführt werden können.

Cordelia Alber-Klein/Regina Hornberger
Das Bach-Blüten-Buch für die Familie
Kinder und Eltern entdecken sich selbst
Mit Farbabbildungen der 38 Bach-Blüten
160 Seiten, Klappenbroschur
ISBN 3-451-23787-3
Ein Buch für alle Eltern, die zusammen mit ihren Kindern positive
Erfahrungen in sanfter Gesundheit und bei der Persönlichkeitsfindung
machen wollen.

Patricia H. Berne/Louis M. Savary
Kinder brauchen Selbstvertrauen
Tips und Ratschläge für Eltern
Aus dem Amerikanischen von Peter Brandenburg
160 Seiten, Paperback
ISBN 3-451-23752-0
Das Fundament für ein glückliches Leben wird in der Kindheit gelegt.

Norbert Gürtler/Doro Kammerer
Stillwerden und entspannen
Vorlesegeschichten zum autogenen Training für Kinder
128 Seiten, Paperback
ISBN 3-451-23638-9
Überreizte Kinder – Autogenes Training schafft tiefgreifende Erfolge.

Gertrud Kaufmann-Huber
Kinder brauchen Rituale
Ein Leitfaden für Eltern und Erziehende
160 Seiten, Paperback
ISBN 3-451-23574-9
Rituale sind wichtig für die kindliche Entwicklung, aber die richtigen
müssen es sein.

HERDER

Kinder fördern – Kinder verstehen

Christina Buchner
Kluge Kinder fallen nicht vom Himmel
Was Eltern alles tun können
Band 4573
Was zu welchem Zeitpunkt wichtig und richtig ist, zeigt Christina Buchner an vielen praktischen Beispielen, Tips und Übungen.

Karin Dörner
Auf einmal geht alles wie von selbst
Vorlesegeschichten zum Trösten und Mutmachen
Band 4553
Kinderseelen sind verletzlich. Geschichten zum Vorlesen, die auf die Ängste und Unsicherheiten eingehen, die Kinder erleben.

Dagmar C. Walter
Bach-Blüten für die Kinderseele
Die Entwicklung von Kindern fördern und stärken
Band 4551
Das praxisorientierte Handbuch: Alles über Anwendung und Wirkungsweise der Bach-Blüten-Therapie.

Beth MacEoin
Homöopathie für Babys und Kinder
Sanft und wirksam Heilen – der Leitfaden für Eltern
Band 4527
Die erfahrene Ärztin und Homöopathin zeigt, was hilft: von Zahnen bis zu Insektenstichen. Das praktische Hausbuch.

Dr. med. Helmut Niederhoff
Kinderkrankheiten von A-Z
Schnell erkennen – Richtig reagieren – Umfassend vorbeugen
Band 4482
Das Hausbuch: alles, was man wissen muß, um ein gesundes Kind zu haben. Prägnant, verständlich und auf dem neuesten Stand.

HERDER / SPEKTRUM

Almuth Bartl/Manfred Bartl
Kribbel-Krabbel-Kuschelspiele
Spiel und Spaß für kleine Mäuse
Band 4434
Phantasievolle Spielideen ohne viel Material für den Alltag und für Feste
mit Kindern von eins bis vier.

Marcella Barth
Zärtliche Eltern
Wie Kinder Nähe erfahren und Freude am Körper erleben
Mit Fotos von Ursula Markus
Band 4418
Streicheln, Balgen, Kuscheln, Strampeln – wenn Eltern und Kinder
miteinander spielerisch die Sinne erkunden, stärkt das Selbstvertrauen
und Vertrauen auf andere. Ein Thema für jede Familie.

Armin Krenz
Kinderfragen gehen tiefer
Hören und verstehen, was sich hinter Kinderfragen verbirgt
Band 4357
Eltern kommen ihren Kindern näher, wenn sie richtig auf die Fragen ihrer
Kinder eingehen können.

Armin Krenz
Seht doch, was ich alles kann
Was uns Kinder sagen wollen
Band 4209
Die Innenwelt des Kindes. Ein Buch, das die Vielfalt kindlicher
Ausdrucksformen lesbar macht und hilft, Fähigkeiten besser zu entfalten.

Emmi Pikler
Friedliche Babys – zufriedene Mütter
Pädagogische Ratschläge einer Kinderärztin
Band 4141
Emmi Pikler warnt vor frühen Überforderungen: Babys brauchen Zeit,
um in Ruhe ins Leben zu wachsen. Ein Klassiker der Erziehungsliteratur.

HERDER / SPEKTRUM